JN075931

新版

弘法大師空海 三教指帰

生死の苦源から覚りの安楽へ

池口恵観

ロング新書

3 目先の楽しみに心を奪われて何も見えず、何も感じない

4 社会のルールを重視して世の中を救おうとした儒教

5 自然と生命の調和を説く道教

6 心身ともに俗世を離れて仙人になることを教える

7 本来、生命のルールは共に生きること

8 多様なネットワークのなかで輝きあってこそ、本当の充実となる

9 儒教も道教も極めれば仏道に通じる

10 生死の苦源から覚りの安楽へ

11 仏の慈悲と知慧に触れることは心が躍ること

12 受け入れて、ともに救いの道を歩こう

心の弱い者をどのように救っていくか

●三教指帰はお大師さまの青春の足跡

「文の起り必ず由有り。天朗らかなるときは（則ち）象を垂る。人感ずるときは（則ち）筆を含む」

天が晴々しているとき、その表れを見ることができる。人が何かを感じたときには、筆をとって文字に記す。

お大師さまは、『三教指帰』を、こう書き出しました。

『三教指帰』は、お大師さまが二十四歳のときに書かれた「小説」です。戯曲だとする研究者もいます。西暦七九七年、いまから千二百年あまり前に、お大師さまは文学で、ご自分の考えを表現したのです。

まだ、『源氏物語』も生まれていない時です。

お大師さまは、この『三教指帰』を書くにいたった背景には、どうしても書いておかずにいられない熱い思いがあることを、まずは読者に伝えたかったのです。

「人の憤りを写す、何ぞ志を言わざらむ」

私は私なりに、煩悶を除くために心に思うことを言わずにいられようか。この一言こそ、すべての始まりであろうと、私は大切に思って読んでいます。

探究して、探究して得た答えながら、誰と語りあえばいいのか、誰に疑問をぶつければいいのか。お大師さまが得た答えは、日本ではこれ以上の探究は難しい、ということでありました。

次の段階に進むためにも、それまで胸に溜めていた考えをまとめておこうとしたのかもしれません。

これは、お大師さまの博士論文だと、私は思ってもいます。さらなる飛躍をするために、それまでの研究成果をまとめたものでありましょうが、その後に中国へ留学して密教の正統を継ぐことになるお大師さまの、この思想の原点は少しもぶれることなく、一筋の道となってつながっていくのです。

『三教指帰』は、儒教、道教、そして仏教の、三つの教えをまとめたものです。

この作品を書き上げるまで、お大師さまは苦悩しながら、道を求めていました。そして一つの確信を得られたのです。探究を続けて、ようやく光明を得た、その成果を、お大師さまは広く人々に知らせたいという思いに突き動かされるかのように、書き上げられたのです。

これから、私はこの『三教指帰』をひもときながら、皆さんと共に仏さまの道を歩き、私たちをいまなお導き、守ってくださる、お大師さまの教えを考えてまいります。いつものように、文章の逐語訳ではなく、さまざまなお話を重ねながら、進んでまいります。人間の精神が、どのように成長していくのかという道しるべです。なぜ、人は成長したいのか、遊んで、楽をして生きていたいと思っていても、どこかで満足しないのは、なぜなのか。お大師さまが教えてくださるこの『三教指帰』が心の地図になるでしょう。

●儒教、道教、仏教の教えを説く

内容に入る前に、この『三教指帰』の全体像を、現代に生きる私たちにわかりやすく解いてみましょう。

作品は、序に始まり、上中下巻の三部構成になっていて、最後に十韻の詩があります。上は儒教、亀毛(きぼう)先生という人物が登場します。中は虚亡隠士(きょぶいんし)、下巻はお大師さま自身がモデルだと考えられている仮名乞児(かめいこつじ)が仏の教えを説きます。

私は、この三巻の教えを、こんなふうに考えています。

儒教とは、人間が人間であるための教えといえます。

人間とは、社会の動物といわれるように、孤立して生きることは難しい生き物であります。集団生活には、一定のルールが必要です。儒教とは、社会のルールを教えるものといえます。組織や家族の秩序を守って、争いのない社会を作るために、守るべき規範を教えているのです。

孔子が生きた時代は乱世でした。弱肉強食の世の中で、争いに明け暮れても幸せにはなりません。ルールを作って、互いに守って生きる。ルールを守ることのできる人間を作るところに、儒教の基本がありましょう。

『論語』にあるように、儒教は、身を律して生きれば、やがて思うように生きても、社会のルールを超えることはない、人格すぐれた人間になっていく、という教えです。

道教とは、何か。これも儒教と同じように奥深い教えではありますが、自然のなかの一員として、人間を捉えているところに、その教えの真髄があると、私は解釈しています。

自然のなかで、自然の呼吸に合わせて生きていけば、心身はおだやかになります。しかし、自然のなかで、自分だけの世界に浸って生きるだけでは、満たされない何かが残ります。その「何か」を満たすものが、仏の教えであると、お大師さまは説きました。それが下巻であります。

まずは「序」からお話しましょう。

お大師さまは、香川県の瀬戸内海に面した土地に生まれました。讃岐と呼ばれていたこの地を支配していた国造の家柄、佐伯という一族が、お大師さまの生家です。

「余、年、志学にして外氏阿二千石文学の舅に就いて伏膺し鑽仰す。二九にして槐市に遊聴す。雪蛍を猶怠るに拉ぎ、縄錐の勤めざるに怒る」

私が十五歳になったとき、母方の伯父である阿刀大足について、学問にはげみ、研鑽を積んだ。十八歳で大学に遊学し、雪の明かりや蛍の光で書物を読んだ古人の努力を思い、まだ怠っている自分に鞭打ち、首に縄をかけ、股に錐を刺して眠気を防いだ人ほどに勤めていない自分を励ました。

伯父の阿刀大足という人物は、宮中に召されて皇子の教育に当たるほど学識が深い人で、お大師さまは伯父さまを師として、学問の道に入りました。

大学とは、当時のエリート官僚を育てる教育機関です。一つしかないのですから、いまの東大よりも入るのが難しい学校でした。本来は、朝廷の高官の子弟が学ぶところですが、ここに入れたということは、伯父さまの尽力があったにせよ、お大師さまが非常に優秀な青年だったことを物語っています。

一族の期待を背負って、お大師さまは必死に勉強しました。夜も寝ずに、自分と戦いながら学んでいたのです。

しかし、何かが足りないぞ、とお大師さまは感じていたのです。

お大師さまは幼いときから、たいへんに信仰心に篤い、やさしい人柄だったと伝えられます。穏やかで、産物に恵まれた風土に生まれ、親の愛情をたっぷり受けて育ったお大師さまが、いきなり奈良の都で、出世や権力争いが繰り広げられる世界を見せられたのですから、多感な少年の心に学問イコール出世と考えられていた大学の生活を疑問に思ったのでしょう。

現代は格差社会だといわれますが、古代の格差はそれどころではありません。貴族は立派な邸で暮らしていますが、庶民は掘立小屋のような粗末な家や竪穴住居で、貧しく暮らしていました。都を歩けば、そのような庶民の生活も知ることになります。

●求聞持法修行により仏と出会い、信仰の道を突き進む

そんなお大師さまが、あるとき、一人の僧侶と決定的な出会いをします。

「爰に一の沙門有り。余に虚空蔵聞持の法を呈す。其の経に説かく、『若し人、法に依って此の真言一百万遍を誦ずれば、即ち一切の教法の文義、暗記することを得』と。焉に大聖の誠言を信じて飛燄を鑽燧に望む。阿国大滝嶽によじのぼり、土州室戸崎に勤念す。谷、響を惜しまず、明星、来影す」

僧侶が教えてくれた虚空蔵聞持法を、お大師さまははじめます。そして、阿波の大滝嶽によじのぼり、土佐の室戸崎で一心不乱に修行していると、お大師さまの唱える真言が、谷に響くように修行の成果を表して、虚空蔵菩薩の象徴であります明星がお大師さまの前に現れた、というのです。

求聞持法は、脳のはたらきを活発にする「響き」を持っているのだと、私は思っています。そして、「真言」とは、すなわち「声」であり、「声」はすなわち言語活動の秘密である、とお大師さまは教えます。

「ノウボウ　アキャシャギャラバヤ　オン　アリキャ　マリ　ボリ　ソワカ」

これが虚空蔵菩薩の真言です。真言はサンスクリット語を漢字に音写したものをそのまま音読みにしています。この真言のサンスクリット語の意味は、「虚空蔵菩薩に帰依したてまつる。花飾りをつけ蓮華の冠をつけた人に幸いあれ」というものです。

ほかの真言も同じように、この言葉自体にはあまり意味がありません。しかし、この真言は密教の秘法である「求聞持法」に用いますと、大変な記憶力がつくのです。「聞持」の言葉どおり、聞いたことを持つ、つまりは記憶する能力を得ることができる秘法です。「この法成ずれば、即ち聞持の力を得て、一度耳目にふるるに分義ともに解す。これを心に記して永く永く遺忘することなし」と、この法を説く経典（『仏説虚空蔵菩薩能満諸願最勝心陀羅尼求聞持法』）に説かれています。

しかし、ただ真言を唱えればよろしいというのではありません。むずかしい作法があります。しかし、真剣に百万遍唱えるだけでも、たいへん記憶力がよくなる真言です。

お大師さまは、若き日に一人の僧侶から、この秘法を教えてもらって、これを修しました。よく知られている神秘体験、お大師さまの生涯のエポックメーキングな出来事は、求聞持法の修行によるものでした。そして、お大師さまは初めて御仏と出会ったのでした。

「遂にすなわち朝市の栄華念念にこれを厭い、巌藪の煙霞日夕にこれを飢う。軽肥流水を看ては電幻の歎き忽ちに起り、支離懸鶉を見ては因果の哀しみ休せず。目に触れて我を勧む。誰かよく風を係がん」

室戸岬の洞窟で、虚空蔵菩薩の真言を一人で唱え続けていたとき、青年空海の口に明星が飛び込んできた、と伝えられています。

この奇跡を体験されたお大師さまは、世俗の立身出世や享楽的な暮らしを嫌うようになって、信仰の道を突き進むことになるのです。

●宇宙のはるか彼方からのメッセージが届く

求聞持法は、なぜ、山に登ったり、地の果てのような岬の洞窟にこもって、真言をくるのでしょう。これは、虚空蔵菩薩が天地いっさいの現象を表現している菩薩だからです。日照りに苦しんでいた田に慈雨が降る、あぁうれしい、有難い、と思ったとき、この菩薩は天地に満ち満ちます。虚空蔵菩薩が天地に書き上げた文字が読めて、互いのコミュニケーションがとれた充足感であります。

私たちの生命は、自然がなければ輝きません。天地が呼吸して、私たちの生命も山川草木すべての生命が生息することができるのです。

秘法によって虚空蔵菩薩に「わが声」が届いたとき、菩薩は大いなる利益を与えて下さるのです。それは、もともとはこの世を去ってから得られる宇宙の慈悲と智慧とを、現世において与(あず)かることができる、ありがたいものであります。

私も、この求聞持法を修しました。密教を修める者は、この秘法を目指します。非常に厳しい法ですが、その功徳もまた大きいものなのです。

俗塵をいっさい排した場所に座していますと、聞こえてくるのは自然の音ばかり。木々のささやき、谷川のせせらぎや波の音、鳥のさえずりも聞こえましょう。まさに、音風景に選ばれた音であります。

それは、この地球に生まれた私たちと同じく、生命をここに授かった地上の声です。耳を澄ませば、この「自然の声」は誰にでも聞くことができるのです。しかし、声を聞く、御仏の文字を読めなければ、なにか気持ちがいいけれど、という状態で終わってしまいます。しばらくすれば、「自然の声」を忘れて、人々はまた喧嘩をしたり、欲におぼれてしまいます。

ところが、自然のなかで真言を百万遍唱えるほどに厳しい行をしていますと、この地上だけのことではない、宇宙のはるか彼方からのメッセージが届くのです。大宇宙の遙かかなたなのか、私たちの身体の小宇宙の奥底なのか、そこのところはわかりません。密教では、この二つは一つのものだと教えますが、現代の西洋科学の思考からはなかなか理解しにくい、インド哲学の発想なのです。

お大師さまの跡を追って、室戸岬の先端までたどりついた司馬遼太郎さんは、「空海がこの洞窟をみつけたとき、『何者かが、自分を手厚くもてなしている』という実感があったのではないか」と書いておられます。

その「実感」は、じつは司馬遼太郎さん自身が感じ取られたものではなかったか、といまにして思うのです。それは、洞窟に波の音が運んでくる宇宙の「声」ではないか、と。

どこでも、だれでもが、いながらにして、「宇宙の声」を聞き取れるのであれば、それが即身成仏の世であります。ほんとうは、誰もが耳を澄まし、全身全霊を澄ませば、「宇宙の声」を聞くことができるのです。

お大師さまの唱える真言が、谷に響くように修行の成果を表して、虚空蔵菩薩の象徴である明星がお大師さまの前に現れた、というのです。

●「大日経」の教えを求めて唐に渡る前にまとめあげた「三教指帰」

求聞持法と並んで、もう一つの秘法である「八千枚護摩供」はこれも全身全霊を打ち込む荒行ですが、この行によって体内細胞が目覚めていくのだと、私は感じているのです。

二大秘法をつつがなく成満し続けてこられたことが、私を御仏のはたらきを感応できる行者にしてくれたのだと、私はいつも感謝の気持ちでいっぱいです。

仏さまと出会ったお大師さまは、これは、いったいどうしたことかと、神秘体験の謎を究明していこうとしました。なぜ、そのようなことが起こるのか。真言の力とはどのような教えに基づいているのだろうか。

それまで日本に入っていた仏教は、学問的な要素が強いものでした。そうした経典や学僧たちからでは、神秘体験と真言の力について、納得がいく答えが得られません。やがてお大師さまは、導かれるようにして『大日経』に出会います。これこそ、求めていた教えだと、お大師さまは感動されますが、この経典について教えてくれる書物も師も、日本には存在しませんでした。

とうとう、お大師さまは唐に渡って学ぼうと決意します。そして、この『三教指帰』をまとめあげ、姿を消したのです。『三教指帰』は都で評判になったのですが、それから唐への留学生となるまで、お大師さまの足跡は、いっさいわかっていません。

空白の数年間に、お大師さまはさらに行を重ね、語学を学んでいたと思われます。のちに唐への船が嵐で漂着した港で、お大師さまは遣唐使に代わって唐の役人に提出する文を中国語で書いて、異国の官吏を感心させますが、それほどの学問をすでに身につけていたのですから、必死で学んでいたことがわかります。

「序」の後半には、大学を辞めて仏教を学ぼうとするお大師さまに、親戚や知人たちが引きとめようとしたことが書いてあります。

超出世コースを惜しげもなく放り出して、出家しようというのです。しかも、誰にもわからない『大日経』の教えを求めているのです。若者の前途を心配する人たちは、「我を縛うに五常の索を以てし、我を断るに忠孝に乖くを以てす」と、儒教の教えを持ち出して、強硬に反対しました。

「物の情一つならず、飛沈性異なり。是の故に、聖者人を駆るに教網三種あり。所謂釈・李・孔なり。浅深隔有りと雖も並びに皆聖説なり。若し一つの羅に入りなば、何ぞ忠孝に乖むかん」

お大師さまは、このように反対する人々を説得されました。

聖人が人を説くのに、教義に浅い深いはあるけれど、どれもみな聖人の教えだから、そのなかの一つの網に入れば、忠孝に背くことはない。そう言われたのです。そうして、その三つの教えを並べて、じつは仏の教えこそ、本当のものだと、この『三教指帰』で説いているのです。

これは、お大師さまの詭弁ではなく、真言密教の真髄を言い表している言葉でもあります。真言密教は「統合による包摂仏教」だと、このところを説いているのは、宮坂宥勝（みやさかゆうしょう）先生ですが、お大師さまがあらゆるものを、真言密教として受け容れながら、仏の真理を説いたのだということです。

異なるものを受け容れて、受け容れて、曼荼羅に表す。一つのものを選んだのでは、切り捨てられるものが出てきます。生きとし生けるものは、みな仏さまなのですから、否定せずに、足りないところを補って、ついには円満な月のような状態にもっていく。それが、真言の力であり、大日如来の教えなのだと、お大師さまは教えたのです。その流れは、すでに『三教指帰』を表したときから、胸にあったのだと、私は感動します。

●壁を乗り越える力となる「識」

行によって、お大師さまの深層心理は、教えの本質をつかんでいたのでしょう。唐から帰ってからのことになりますが、お大師さまは、それまで「五大」とされていた生命を構成するものに、「識」を加えて「六大」とします。自分の内にあって、教えに導いてくれたものはなにか。「識」という言葉こそ、まだ見つけていませんが、お大師さまはすでに見えない仏さまとの絆であることに気付いていたのでした。

それは、むずかしいことではありません。私たちが自分でつくってしまっている「壁」を乗り越える力を生み出すものが、なにか、お大師さまは世間の常識や枠をはずして考えて、行動して、感じて、人の心、自然の心、仏の心を知ったのです。

とかく、世の中には、あの人は専門の学問を学ばなかったからとか、一流大学を出ていないから知るはずもない、と決め付けてしまう人たちがいます。

それが、社会のそこここに壁を作って、真理に至る道をふさいでしまいます。

ところが、この壁を思いっきり越えてしまうと、そこに真理がみつかることがあるのです。これまでの歴史で、偉大な発明をしたり開発をしたり発見したりした人には、こうしたケースが少なくありません。

お大師さまが、出世コースの大学を辞めて出家し、修行の道に入ったのも、真理へのジャンプでした。

壁を飛び越える力になるのが「識」です。イメージを結ぶ心のはたらきを「識」というのかな、と私は考えています。識とは、心の力の源泉なのだ、と。識を磨けば、天才でなくとも、生命の真実を見つけることができます。心の力を強くして、自ら幸せな人生を歩いていくことができるようになるのです。

脳のトレーニングには、じつは「識」の力を高めることも大切なのではないかと、思うのです。識は、感性を磨くことによって、力が高まるものではないか、と思うのです。

脳のお話は、脳科学の受け売りです。人間を人間たらしめているのが前頭葉だといいますが、ここでは「抑制」という機能が働くのです。カッとなる怒りを抑える。暴力的になる行動を抑える。そんなはたらきを持つことができたから、人類はここまで生きて繁栄することができたのです。むやみに力を浪費しないで、共に生きる道を学べば、社会は落ち着いたものになりますが、弱肉強食の世では、いつも不安を抱えて生きねばなりません。

恐れを鎮めるために「心の力」を浪費してしまうので、「識」のはたらきがなかなかできません。無心になるということは、恐れのない心になることです。

どうしたら、恐れのない心になれるのでしょうか。

御仏の究極の救いは「無畏施（むいせ）」、人々の心に巣くう恐怖を取り除くことです。

私たちは、一寸先が見えない闇を歩いています。ほとんどの人が、目の前に迫っている危険を察知できません。あるいは、手が届くところにある幸せを掴むことができずに、苦しんでいるのです。

仏さまは、そうした衆生の苦しみに救いの手をさしのべて、闇に一条の光を灯し、あるいは幸せの温もりに触れさせて、力を与えてくださるのです。

その救いの手が在ることを察知するのが、「識」であろうと、私は解いています。

そして、お大師さまは『三教指帰』の「序」の最後に、もう一人の「出演者」を登場させることを予告しています。

世間をドロップアウトした甥がいる、といいます。

性質はねじくれて、狩猟や酒や女に溺れ、賭博を打ち、ヤクザと付き合っている。悪い環境に染まった結果だが、いつも気にかかっているので、この人物をモデルとして作品に登場させるといいます。「反面教師」の役割です。闇に迷う者の典型でしょう。

落ちこぼれた弱者を救うだけではない、じつは心の弱者をどう救っていくのか。現代でもまったく同じ悩みを抱える親が多いことを思うと、この『三教指帰』がいっそう身近に感じられます。

お大師さまはやがて「身口意（しんくい）を磨くこと」こそ、仏さまの心に出会う道だと説かれます。

それは「実践の教え」にほかならない、と私は信じています。この世に、この身体を授かって生まれてきたのですから、動くということが、この世の生命の表現でしょう。身体を動かし、考え、心を動かして、はじめて生命は輝くのです。

ほんとうの密教の修行は、三密修行にはじまり、これにつきます。すべては、自らの身口意を清める三密修行の奥義をきわめることが、生命を知ることになるのです。「般若心経」を唱える。真言を繰る。そうした行は、仏さまの道の入り口です。

まずは、祈りによって、心の闇を払いましょう。なぜそうなるのだ、と考える前に、行動してみましょう。必ず、心が変化していきます。これまで、嫌だと思っていたことが受容れられるようになります。意地悪をされていると思っていたら、気に掛けてくれていたのだと思えるようになります。気持が素直になっていく、そんな変化を感じるようになったら、きっと周囲に心配りができるようになりましょう。

●救いこそ仏の教え

お大師さまは、地獄も極楽も、この世に生きる私たちの心で味わうものだと、教えました。仏さまは心に在る、と。

「夫(そ)れ仏法遙かに非ず。
心中にして即ち近し。
真如外に非ず。
身を棄てて何(いずく)んが求めん。
迷悟我に在れば、発心すれば即ち到る。
明暗、他に非ざれば、信修(しんじゅ)すれば忽ちに證す」

これは、お大師さまが著した『般若心経秘鍵』の一節です。

仏さまの教えは遠いところにあるものではない、自分の心のなかにあるのだから、わが身を棄ててはどこを探すというのか。迷いも悟りもみな、わが内にあるものだから、求める気持ちを起こせば、かならず悟りにいたることができる。

お大師さまは、こう教えます。

迷ったときは、あれこれと外に目を向けずに、自分の心と向き合ってごらん、きっと仏さまが語りかけている声がきこえてくるよ。お大師さまは、そう言われているのです。

その心を信じて、若きお大師さまは突き進みます。唐に渡って出会う恵果和上は、お大師さまが求めていた真実の師でした。

日本で苦しんだのは、そこに求める答えも人もなかったからだと、お大師さまは知ったに違いありません。それなら、自分がその「師」になろうと、お大師さまが大きな夢を抱いて帰国します。

夢を持って、真剣に生きるところに、仏さまの世界が開けるのです。挫ける心を知ることも、トレーニングの大事な一つです。

都に出て、お大師さまの心は、大きな「壁」に突き当たりました。その「壁」を越えようと、全身全霊で悩み、苦しんで、お大師さまは山に入り、海辺の洞窟で一心に真言を繰りました。出会いの一言を信じて、実践して得た覚りでした。救いこそ、仏さまの教えなのだとわかったのです。

現代の厳しい時代に、お大師さまの青春の足跡を知ってほしいと、私は『三教指帰』を選んで、皆様にお届けします。

なにか一つでも心に響く言葉があったら、そこから何か行動してください。きっと道が開けるでしょう。

私たちは、自分の願うことが実現してほしいと、いつも思っています。頭の中だけで考えていても、なかなか実現しません。どうしたら、願いが叶うのか。仏さまに、願いが届く「身口意」を作りなさいと、お大師さまは教えているのだと、私は思っています。

儒教は考える修行、道教は身体を動かす修行、そして仏教は深層心理をも動かす修行ができるのだと、お大師さまが教えてくれているように思います。どれも、否定しないで、自分のなかに取り入れて、「識」を知る。それが、この世の、この身のままで仏さまを知ることになると、この三つの教えは説いているのです。

仏さまの心とは、究極は「人のために尽くすことができる心」です。そんなのはイヤだと思っている間は、なかなか仏さまにはなれません。自分だけの幸せなどはないのです。自分の住まいだけが安全だと思っては、ほんとうの安全はありません。

お釈迦さまは、厳しい階級制度があるインドにおいて、人はみな平等であると説かれました。地位や貧富の差を、どのように埋めればよいのか。社会的な地位や学歴などによって、人間の価値は変わらないことを教えました。仏教の救いの原点です。

富める者と貧しい者との格差を埋めるのは、人はみな御仏であるという教えである。その教えが、この『三教指帰』の底流にあると、私は大切にしているのです。

耳を傾け目を見張って教えを聞き、迷いの道を考えよ

●儒教の大家と放蕩息子を抱えた父親

お大師さまの『三教指帰』の上の巻をひもときますと、昔も今も人間のタイプは、あまり変わらないのではないか、家族や人間関係もさして変わりないのではないか、と思ってしまいます。

まずは儒教の大家と放蕩息子を抱えた父親の姿を見てみましょう。

人格者で成功している伯父の悩みは、遊んでばかりいて性格のねじまがった甥です。なんとか立ち直ってほしいと、家を訪れた儒教の亀毛(きぼう)先生にお願いするところから、物語は始まります。亀毛は「亀の毛」と書きます。

「亀毛先生というもの有り」

この言葉で『三教指帰』は始まります。亀毛先生は、生まれつき弁舌に長け、顔形が大きくて堂々としています。儒教の九経や古い史書に通じて、学識も豊かで、さまざまな古典や易なども暗記しているという才能あふれた人物です。演説をすれば枯れ木に花を咲かせ、死んだ人も生き返ると言われるほど、エネルギーいっぱいの人物です。

この亀毛先生が、上巻で「儒客」つまりは儒教を説く役回りとなります。

登場人物は三名、亀毛先生と、その知人である兎角公、そして兎角公の母方の甥である蛭牙公子です。兎角公の兎角は「兎の角」、蛭牙公子の蛭牙は「蛭の牙」と書きます。蛭牙公子は、お大師さまの甥がモデルのようです。現代の言葉でいう「反面教師」というか、説法の受け手として、この『三教指帰』の重要な人物であります。

この「亀毛」も「兎角」も「蛭牙」も、実際には「ないもの」をあらわしています。亀には毛がなく、兎には角がなく、蛭には牙などありません。仮の名前という意味が込められているのです。若きお大師さまのユーモア精神が伝わってくるネーミングではありませんか。

この時代、「小説」というものは存在していませんが、仮の人物に思想を託して語らせる手法は、まさに小説そのものであります。お大師さまは世界最古の小説家の一人でもありました。

さて、休暇のある日、亀毛先生は兎角公の家を訪ねました。とくに用事があるというわけではなく、フラリと遊びにやってきた、という風情です。

有名人がやってきたので、さっそくご馳走を用意して酒宴となります。話に花が咲いて宴たけなわ、兎角公は心に抱えていた悩みを、亀毛先生に相談します。それは、甥のことでした。

心根は狼のようにねじれ、人から教えられても従わない。心が凶暴で、礼儀などは何とも思わない。賭博を仕事にし、狩猟に熱中して、ヤクザやごろつきのならずもので、思い上がっている。仏教に教える因果の道理を信ぜず、罪を認めない。暴飲暴食、女色にふけり、寝室にこもっている。親戚に病人がいても心配もしないし、他人に対しては敬わず、父兄を侮り、徳のある老人を馬鹿にする、という困った若者です。

千二百年前とは思えない、いまも社会の困り者の姿が、ここにあります。

親戚中で頭を抱えていたこの甥を、まっとうな人間にしてもらえないかと、兎角公は亀毛先生に頼んだのです。

「偉い人に倣って、人は教化されると、故事は教えています。また、曲がった蓬をまっすぐに成長する麻の中にまぜて植えれば、つっかい棒がなくてもまっすぐになるといいます。先生の儒学の極意によって、ならず者の心を目覚めさせていただきたい。愚か者の心を教え諭していただきたい」

兎角公は、真剣に頼みますが、亀毛先生は首を横に振ります。

「昔からいう通り、賢い者は教えないでもわかっているし、愚かな者は教えても賢くならない。昔の聖人も、このことについては悩んでいた。いまどきの若いものを教えるのは難しい」

お大師さまの原文は難しいのですが、内容を現代の言葉に訳せば、なんだか昔の会話とは思えません。そういえば、少し前の昭和前期を生きた山本五十六提督の有名な言葉を思い出します。

「書いてみて、言ってきかせて、やってみて、初めて人は動くなり」

命令するだけでは、部下は動かない。人に動いてほしかったら、まず自分で率先して動かなければ何もはじまらないのだ。日本海軍の名将も感得していたのです。

まずは実践ありき。それがお大師さまの教えです。これが人間の本質なのです。

●言葉だけでは人は動かないよ

亀毛先生によって儒教を説いてもらう設定ですが、お大師さまは儒教では人を救うことはできないということを、亀毛先生の断りの言葉に、伏線として、書き込んでいるように思います。

言葉だけでは、人は動かんよ。先生はそう言っているともとれるくだりですが、お大師さまは、物語の最初から、結論めいたことを言わないよう、匂わせているのです。

お大師さまが、この『三教指帰』を書いたのは二十四歳のときでした。すでに、人間の本質に迫り、仏さまの教えの真髄を感じ取っていることが、わかります。二十四歳でその境地にいたるまでには、どれほど深く苦悩し、考え、行を積んだことか。私は、お大師さまの「青春の懊悩」に想いを馳せるところです。

悩んで、求めて、学んで、行を積んで、積んで会得した教えを、さらに深めるために、お大師さまは『三教指帰』に心の内をぶつけたのです。

人に読んでもらうために書いたのではないと、お大師さまは「序」に記しています。心に渦まく思考を整理してまとめたのでした。

これを書き上げて、お大師さまはプッツリと消息を絶ちます。六年後に、再び世に出たのは、留学生として唐に渡ろうというときです。甥の蛭牙公子を見ていると、人が闇の迷う姿を見ている思いであったのでしょう。

後に、唐から帰国してまとめる『十住心論』に、『三教指帰』のメッセージがそこここに読み取れるように、私は思っています。

兎角公はそれでもと、亀毛先生を口説き、結局、先生は頼みを受け容れます。儒教の大家だけあって、「三顧の礼」という願いの形式をしっかりとっているのです。本当は飛びつきたいような依頼でも、そうすることはしたない。謙遜という美徳によって、社会は譲り合い、争いを避けることができるのです。二回は断って、どうしてもという依頼の形をとって、相手に敬意を表するのです。礼儀は社会のルールであり、形を重んじるのが儒教です。

無秩序の社会に秩序を与えることが、儒教の大きな教えの基本です。孔子が生まれ育った時代、人々は戦乱に明け暮れていました。「衣食足りて礼節を知る」と孔子は教えましたが、現実は、人は生活が安定すると、また放逸に走って、自分の欲望ばかり追いかけるようになります。人と人との争いから国と国との争いまで、秩序なき社会はいつも戦いの連鎖によって互いの力をそぎ、やがて亡びてしまうのです。

そのような混乱を収めるには、ルールを作って守らせるようにすることが、第一歩になります。社会のルールは、譲り合いや謙遜という、相手を受け容れる姿勢を示すところからはじまるのです。

●欲望のままに行動すると貪り、瞋り、痴さに行きつく

兎角公が、「三顧の礼」でどのような言葉を尽くしたのか。その前に、蛭牙公子を彷彿とさせる『十住心論』の巻一と二を少しのぞいてみることにしましょう。

巻一は「異生羝羊住心」です。食べることとセックスだけしか考えていない、雄羊のような心のありようを持つ者は、面白おかしく人生を送っているようでも、実は闇の中でさまよっているのです。

セックスや食べ物といった、目先の欲望にとらわれているときは、他のことが何も見えない、尊い教えも聞こえない状態にいるのだ、と説かれているのです。

「畜生は何れの処より出づる」

お大師さまは畜生の心がどこから出てきたのか、と問いかけます。

「本これ愚癡の人なり」

もとはといえば、愚かな人間なのだ、というのです。

愚かとは、いったいどんなことを指すのでしょうか。現代訳を読んでみましょう。

「情も身もほしいままにし

賢人・聖人のいましめを信ずることがない
どうして後世の辛い報いを知ることがあろうか
悠々たる彼の愚かな者は、これこそ畜生と生まれる原因である
強弱たがいに食(くら)いあって
助けをだれにむかって呼べばよいであろうか
ああ、おとろえたる彼らよ
雄羊のような真を欲するがままにすることがあってはいけない

欲望のままに行動してしまうと、その果ては、「貪(むさぼ)り・瞋(いか)り・痴(おろか)さ」に行き着く、とお大師さまは繰り返し説いておられるのです。この巻一の教えのなかで、オヤッと思うところがあります。

「二人ともに来世に再び夫婦となろうという願いを起こし、のちに命命鳥・鴛鴦(おしどり)・ハトとなって生まれ多く楽しんで愛欲をなす。この種類はきわめて多い」

と書かれている部分です。仲の良い夫婦をオシドリ夫婦といいますが、教えでは、「来世の契り」は必ずしも良いことではない、というのです。「愛し欲する心をもって布施をし契りを結ぶから」とお大師さまは解説します。

『十住心論』がすすむにつれて、こうした教えがよく理解されてくるのですが、来世までもという執着は、決してよいことではないのだと、お大師さまは教えています。

それは、自分の愛情を注ぐ「見返りを求めた愛」は、ほんとうの愛ではない、ということでもありましょう。

布施とは、見返りを求めないものです。ものを施すことによって、他の人が喜ぶ気持ちをともに味あわせていただき、自分の生命を磨くことが布施の功徳なのです。

夫婦として生まれた因縁を自然に受け止め、互いの生命を磨き合い、幸せに導き合うのが、本来の夫婦のあり方です。来世までも自分たちの都合で決めてはいけない、御仏にまかせなさい、という戒めだと、私は受け止めています。

愛情で縛りあったり、あるいは二人だけの世界に閉じこもって、他人のことを考えないような夫婦のあり方は間違っている、とお大師さまは教えます。

「この種類はきわめて多い」と、わざわざ申されるのは、善にかくれた悪を、こうした形で指摘しておられるのです。

どれほど仲の良い夫婦でも、姑と嫁の仲が悪かったり、周囲から孤立しているような夫婦は悪のもと、とお大師さまは言いたかったのかもしれません。

「こんなに尽くしているから」「こんなに大事にしているから」と、自分を犠牲にしているのも、良い夫婦ではないのです。

●明るい場所にいるつもりでも真っ暗闇で動いているに過ぎない

生命を見つける旅に、なによりの障害物は「執着」です。異生羝羊住心のもとは、執着です。

セックスに執着する、食べ物に執着する、欲しいものに執着すると、結果的に罪が生まれてしまうのです。執着するから、思い通りにならないと瞋りが生じ、愚かな行為に走るのです。

人間が生きている、ということはどういうことなのでしょうか。私たちはこうした形を持っておりますが、じつは霊とともに生きているのです。

守護霊、悪霊などという言葉がありますが、私たちの存在そのものが霊でもあるのです。目に見える世界のほかに、見えない世界があり、それが生命のすべてなのだということが理解できますと、お大師さまが説いている言葉の数々が、ようやく納得できるのではないか、と思います。

お大師さまは、『十住心論』の初めを暗い心から説かれました。自分では明るい場所にいるつもりでも、じつは真っ暗闇で動いているに過ぎないのだ、とまず指摘されたのです。ほんとうの光を求めなさい、と暗闇にいるものたちに、呼びかけているのです。

暗闇にいるのに、輝いている世界を楽しんでいると思い込んでいるのが、夜の歓楽街であります。まるで不夜城のように、都会の歓楽街は夜更けまで灯りがともって、人々が集まっています。楽しんでいるようですが、その裏には欲望や諍い、嫉妬や恐怖や不安が渦巻いています。

巻一の雄羊のような心でいるとき、見えない霊の存在に気づくことがありません。雲や霧がかかっているのですから、太陽も月も、広大な山々の峰も、大海原も、地球をおおう緑の自然も見ることはできません。

見えるのは、ただ不夜城のように輝く人工の光で美しく見える幻影ばかり。どこの盛り場も、夜は豪華に見える道筋なのに、朝の光に晒されると、ゴミがうずたかく積まれ、汚れた街に変わっています。まさに、巻一の状態がその風景なのです。

まやかしの美観に酔いしれて、塵芥のなかをさすらっていては、いつまでたっても生命の手ごたえはない、と教えて下さるのです。

どれほど快適なマンションに住もうと、心が荒廃しながら暮らしていては、地獄で生きているのと同じことです。子供を有名校に入れたいために、尻を叩いて勉強させ、そのあげく登校拒否や家庭内暴力を招く例が、至るところで蔓延しています。

長引く不況によって、世界の人々の心に荒(すさ)みが浸透しています。日本でも日々報じられる事件は、残虐性が深まっているように思います。あるいは、ささいなことでケンカして相手を殺してしまう事件も少なくありません。弱いお年寄りを狙う「振り込め詐欺」やひったくりも後を絶ちません。

そういう事件を起こす人たちはみんな、自分だけ良ければという目先の欲から生まれた地獄・餓鬼・畜生の世界に苦しむ人々です。この世に浄土が生まれることを信じて導かれたお大師さまは、来世の地獄を語りながら現世に地獄があることを説いておられた、と私は思っています。

怒りっぽい、食いしん坊、ケチといった、はっきりした悪はわりあい見つけやすいものですが、「阿修羅の世界」はなかなか自分で見つけにくいものです。

「おもねり・たかぶりの心によって布施するのは、死後、必ず阿修羅道に至るであろう」

阿修羅とは、地獄・餓鬼・畜生の神とされますが、迷いの世界です。

「心の本性が正直でなく、誤った考えを愛している。寿命は八千歳で、そこから出ることを欲せず、冥く長い夜にいたずらに生まれ老いるのみである」

迷いを迷いと気づかない、悪を悪として見ることが出来ない雄羊の心に加えて、お大師さまはおっしゃるのです。

「俺はこんな偉いことをしたんだ」とおごったり、高ぶったりしていても、トンネルから抜け出すことは出来ない、というわけです。まさに、蛭牙公子の姿です。

魂についた悪の汚れを一つ一つ、洗い清めていくうちに、知らず知らず、充実感に満たされ、心身が安定し、宇宙の生命エネルギーを受け止められるようになります。

●やさしいことを続ける、それが修行の始まり

さて、その迷える雄羊の心が、少し変化を見せるのが、第二の心のありよう、「愚童持斎心」です。

「愚童持斎心」という教えの根拠は『大日経』にあります。大日如来が説かれます。

「愚童凡夫の類は猶し羝羊の如し。

或る時に一法の想生ずることあり、

いはゆる持斎なり。
彼この少分を思惟して歓喜を発起し、
数数（そくそく）に修得す」

現代の言葉になおしましょう。

「愚かな者たちとはひつじのように迷う。

だが、ある時、一つの思いが生ずることがあり、これが『持斎』である。

その者は生じた思いのわずかばかりのことを思って喜び、しばしば実行する」

それが、「はじめての善い行いの発生」なのだ、と説いています。

どのようにしたら、その善い縁の種から芽が出るというのでしょう。お大師さまは、その種子が育つように、修行の道を教えます。善いことは、言葉で言えば当たり前のことで、簡単のようですが、それを続けていくことはなかなか難しいものです。

やさしいことを続ける、それが修行の始まりであります。

まずは「六心」の教えです。

善いことをして歓喜した感動を、また味わいたい。そう思ったら、「六斎日」に「節食持斎」して、施しをするようにと、教えははじまります。

「六斎日」とは、善事を行う精進日で、毎月八・十四・十五・二十三・二十九・三十日が決められています。一カ月に六回、断食なり節食なりして、その代わりに他の人に振る舞いなさい、というのが「六斎日」です。誰に振る舞うのでしょうか。まずは家族に、と教えは続きます。


「六斎日に於て父母男女親戚に施与する、これ第二の牙種なり。

また、この施をもつて非親識の者に授与する、これ第三の疱種なり。

また、この施をもつて器量高徳の者に与ふる、これ第四の葉種なり。

また、この施をもつて、歓喜して伎楽の人等に授与し、及び尊宿に献ずる、これ第五の敷花なり。

また、この施をもつて親愛の心を発して、これを供養する、これ第六の成果なり」


このお大師さまの教えを現代の言葉になおせば、次のようなことになります。


「まずはじめは、家族たちに施しをする、これが第二の芽生えである。

さらに親族でない他人にも与え、これが第三の蕾のふくらみ。

さらにこの施しを徳のある立派な人に与える、これが第四の葉のひろがり。

さらにこの施しを喜んで芸能の人たちに与え、すぐれた仏者にささげる、これが第五の開花。

そして、この施しをもって親しみ愛する心を起こして、その心をもってあらゆる人びとに与える、これが第六の実りである」

難しいことは少しも言っておられない、お大師さまの教えはとても素直でわかりやすいものであります。

●三毒を消すことで善い心が生まれる

どんな人間でも、ある時、なにか、自分の心の琴線に触れる出来事があって、喜びを分かち合いたい、という気持ちになります。それが第一の「持斎」です。

まず、身近な人々から分かち合います。両親や親族つまりは家族です。ここで分かち合い大きくふくらんだ喜びの心をさらに、知人と分かち合います。分かち合うほどに、喜びの心はいっそうふくらみを増して、輝きを増します。

次が徳の高い人たちに施しをするのです。本来、選挙というものはこの精神だったはずだと、ここで私はハタと思いいたります。施しとは、かならずしもお金ではありません。気持ち、奉仕、相手の役に立つもの、喜びのもとになるものであれば、なんでもよろしいのです。徳のない人にいくら施しをしても、喜びの代わりに失望や怒りを生じる因縁を作ることにもなりましょう。そこの見極めが大事です。

喜びの光を、大きく大きくしていくためにどんな人々と分かち合ったらよいのか、それは自分自身がどんな心を持っているかによって決まってきます。大きな喜びを持てる人は、自ずと大きな器の人とご縁ができます。

さて、徳が高い人の次には、どんな人と分かち合ったらよいのでしょうか。

これがなんと芸能人と仏者だというのですから、驚きます。徳が高い人よりさらに普遍的な大きな喜びを受け止めることが出来るのが芸能人、仏者と同格であるほどだというのですから、古代人が芸能に対して深い畏敬の念を持っていたことがよくわかります。人々の精神を高め、陶酔させ、あるいはリラックスさせる芸能は神事の領域でありました。

わが身わが心を起点に、喜びの光の同心円がどんどん大きくなっていきます。

芸能人や仏者に施しをすることによって、つまりは喜びを分かち合うことによって、慈愛の光が私たちを包み込むのです。

その慈愛の気持ちを広く大きく、人々に施しましょう、分かち合いましょう、それが六番目の、つまりは種子が実を結んだということになるのだと、『大日経』にある、難しい経典の解釈を、お大師さまはそんなふうに教えて下さいました。

私たちは、とかく目の前にある姿によって人や物事を判断しようとしてしまいますが、人も物も形を変えます。変わるという可能性を認めるところから、外見に迷わされないで本質を見ることができる、生命の手応えが得られる、という教えであります。

目に見えない心を育てるのは、やはり目には見えない「文化」という栄養です。音楽に親しみ、書を究め、あるいは絵を描くのは、みなみな仏さまのメッセージをこの世に伝える「文字」なのです。

このように芸術・芸能を重視したところに、密教の奥深い教えがあらわれています。

それでは、どうしたら種子が我が身に芽生えるのでしょう。「少しく貪瞋の毒を解して」とお大師さまは申されます。

貪ること、怒ること、愚かなこと。これを三毒といいます。私たちの判断をあやまらせ、生命の力を弱めてしまう元になる「毒」ですが、どんな愚かな者でも、この三毒を消すことによって、生活が落ちつき健康になって、善い心が生まれることに気づく、とお大師さまは言っておられるのです。

ほんの少しばかり、三毒を消す努力をしてみましょう。気持ちが良くなります。不平や不満がありましても、一つ良いことをみつけますと、嬉しい気持ちになります。その嬉しさをつぶさないように、不平や不満で曇らせないように、しっかり守りながら胸に抱えておりますと表情がニコニコしてきます。

すると、知らず知らず心身が健康になってきて、少しばかりのことに怒ることはなくなります。怒りませんから、心が穏やかでゆとりが出てきます。パニックに陥ったりせずに対処することができ、物事がスムーズに進むようになるのです。

●道理に暗い若者を教えて、正しい道に立ち返らせてください

話が少し横道にそれ、儒教から仏さまの教えまで進んでしまいました。しかし、『三教指帰』はまだ始まったばかり、仏教への道は遠いところにいます。巻一に戻りましょう。

「それ物に体(てい)し情(こころ)に縁(よ)るは先賢の論ずる所なり」

これは、お大師さまの文章そのままです。

「物にちなんで心の思いをのべるということは、昔の賢人も言っている」という意味です。博識の亀毛先生が、故事を引き合いにしてくれれば、甥も性根を入れ替えるだろうと期待する、兎角公の言葉です。さらに、兎角公は言葉を続けます。

「鈍い刀で骨を切るのは砥石が助けてくれているからであり、重い車が軽く走れるのは油をさすからである。心のない鉄や木でさえもこのように砥石や油に助けられているのだから、情をもつ人間がどうして古(いにしえ)のいましめを尊ばないでよいものでしょう。

どうか、先生は愚かな甥の心を洗い清めて、迷った道を指し示し、道理に暗い若者を教えて、正しい道に立ち返らせてください」

兎角公は、そう言って、亀毛先生の心を動かすのです。

私は、この喩えが好きです。骨を切る刀は砥石で磨くから鈍くとも切れます。車輪、古代ですから木製です。木製の重い車輪が軽くなって走れるのは、油をさしたからです。つまりは、刀や車といった道具でも、陰で助けてくれるもののおかげで、より良いはたらきができると述べているのです。ものごとには、必ず陰で支える存在がある、その心が人間にはきっとあるはずだと言われているのです。

まだ二十代のお大師さまが、このような陰働きを表現されていることに、私は感嘆します。

人間は、一寸先は見えない闇のなかを歩いているようなものですが、蛭牙公子のように、迷っていることさえ分からなくなっている若者には、「お前が歩いている道は、迷い道だよ」と教えて、正しい道に連れ戻してほしいと言います。

「若者を自分の持っている知識によって立ち直らせることができるのは、立派なことであり愉快なことではありませんか」と、兎角公は言葉を結んでいます。

亀毛先生は、立派なことだとおだてられ、断るわけにはいかなくなります。

「亀毛先生、心わずらい神煩むで茫然として長息す。円覆を仰いで慨を含み」

どうしよう。亀毛先生が困り果てる様子をお大師さまは描きます。茫然としてため息をついたかと思えば、空を仰ぎ、地に伏して思い込んでいるのです。

●人は諫言をきき入れて聖人になる

「三たび勧むること慇懃なり」

そう言って、結局、亀毛先生は兎角公の願いを聞き入れることになりますが、なんと大げさなことと、現代の私たちは思ってしまいます。亀毛先生という人物が、憎めない性格ながら、どこか尊大な態度をしている様子が、生き生きと目に浮かびます。芝居にしたら、ユーモラスな場面になりましょう。お大師さまの文才が発揮されているのです。

ちょっとへりくだって見せますが、すぐに亀毛先生は、滔滔と自論を展開します。

「古今の出来事に託して、私の考えの一端をのべましょう。その他のことは他の人に任せます」

そう断って、亀毛先生は、天地創造から説き起こし、「人間はみな天地陰陽の気を受けて五体をそなえている」と、語ります。

しかし、賢い人は稀だが愚か者は多いと言います。人はみな違って、「九等の区別」がある、というのです。

人は環境によって左右され、心が汚染された者は、どれほど外面を飾ろうと、中身は「錦袋（きんたい）の糞（ふん）」であり、学問をしなければ獣と同じだと生涯批判される。それはまことに恥ずかしく、哀しいことではないか。

どうやら、蛭牙公子が呼ばれて、亀毛先生は彼に向かって、話し始めたようです。

そして、玉が光るのは磨きをかけるからだと、古今の故事をたとえながら、語ります。

「人は諫言をきき入れて聖人になる、という古来の教えは、いまでも充分に通じる。天子から普通の子供まで、学問をしないで覚ったり、教えにそむいて道理に通じた人など一人もいない」と説きます。

「学問のすすめ」です。なぜ、学問をするのか。知識を詰め込むのが学問の本質ではないと、亀毛先生の言葉が教えてくれます。それは、真理を悟るためのものであり、物事の道理に通じるためのものだというのです。道理とは、社会のルールでもあります。

教養の大切さを説いているのです。玉を磨くために、人格を磨くために学問をし、先達の教えをしっかりと聞き分けて道理を知るのが「学ぶ」ことの目的です。

古代王朝の夏(か)や殷(いん)の国が滅び、後に続く周や漢の国が興ったのは、前車の轍を踏まないよう、戒(いまし)めたからであると、亀毛先生は歴史にたとえて、教えました。

「戒めざるべけんや、慎まざるべけんや」と、先生は蛭牙公子に向かって申します。我が身を慎んでいきなさい、故事を学んで戒めなさい、と言うのです。

「蛭牙公子よ、耳を傾け、目を見張って、よく注意して、私のいう教えを聞き、おまえの迷いの道を考えよ」

亀毛先生の諭しに、さて蛭牙公子がどんな反応を示すのでしょうか。

目先の楽しみに心を奪われて何も見えず、何も感じない

●蛭牙公子（しつがこうし）の悪行「親に挨拶をしないこと」

どんな時も、出会いはご挨拶から始まると、私は信じています。仏さまでも神さまでも同じことで、初めて訪れる国の寺院を訪れるとき、私は同じように、仏さまや神さまにご挨拶をいたします。

生きとし生けるものはすべて仏の子でありますが、しかし、何も言わないでいたのでは気持ちを通わすことはなかなか難しい。人間は言葉を授かりましたから、これを使って、他の人たちと心を通わせるようにと、仏さまが言っておられるのだと、私はいつも思っているのです。

「言葉は仏さまの贈り物」です。

人間だけではありません、花も声をかけますと、一生懸命応えてくれるものです。

ご挨拶のことをお話したのは、『三教指帰』に登場する「蛭牙公子」の悪業の一つとして、親に挨拶をしないことが挙げられているからです。

「告面（こくめん）の孝無く」と、お大師さまは表しています。告面とは会って顔を見て告げることですから、親への挨拶は面と向かってきちんと言葉で告げることであります。

「蛭牙公子」が、どのように悪い青年なのかを、お大師さまはここで縷々述べているのですが、その筆頭にあるのが、親を侮っているという非難です。

非難の内容は、現代にもじゅうぶん通ずるものばかり、千二百年経っても、社会が変わっても、人間の性向はあまり変わらないのでしょう。だからこそ、お大師さまの教えが、現代でも充分に通用するのです。

つい先ごろまで、日本人は挨拶をきちんと交わす習慣を持っていました。いつから崩れてしまったのでしょうか。

声には、仏さまに届く生命の響きがあります。子供の声を親に届けるのは、仏さまに我が生命の響きを届けているのと、同じことです。響き合う声で元気な一日を始め、安らぎの声で一日を終る。その繰り返しが安心の人生であります。

子供がいつ起きたのか、いつ出かけたのかわからない。そんな生活で、子への慈愛も親への敬愛も育つでしょうか。

現代日本では、ひきこもりの青少年が七十万人もいます。内閣府が全国の十五歳から三十九歳の五千人を対象に、書面でアンケートをした結果です。二〇一〇年二月の調査結果をまとめたのですが、全体数はここから割り出した推計だそうです。

ひきこもりを、どのように定義したかといえば、「自分の部屋からほとんど出ない」という狭い意味だけでなく、「自分の趣味に関する用事の時だけ外出する」という広い意味も含めた数字です。つまりは、社会生活をしていない若者と壮年が、これだけいるということになります。

ひきこもりのきっかけは、「職場になじめなかった」「病気」という理由が最も多く、「死んでしまいたいと思うことがある」とか「人に会うのが怖い」と心に恐怖や不安を抱えて生きています。

注目すべきは「家族に申し訳ないと思う」と考えている人が、七割を超えていることです。心でそう思いながら、しかし家族とのコミュニケーションをうまくとっている人はごくわずかです。

ひきこもりの息子、なぜか男の子が多いようですが、家族に暴力を振るうケースがあるので、深刻です。

●生死を越えて他者との挨拶をすること

もう一つ、気にかかるのが、このところ増えている「亡くなっている高齢者」の問題であります。

二〇一〇年七月に、東京である事件が起きました。都内で最高齢の男性のはずが、じつは三十年以上も前に亡くなっていて、遺体は部屋のなかで白骨化していたのです。高齢社会の問題の一つは、「孤独死」です。独り暮らしのお年寄りが、誰にも看取られずに亡くなって、しばらく誰も気付かなかったということが、各地で起きました。

その後、東京の団地などでは、独り暮らしの高齢者に対して、なんとかコミュニケーションをとろうと、さまざまな試みがなされていると聞いていますし、牛乳やヤクルトの配達人などが、毎日必ず声をかけて、生きていることを確認しているそうです。

まさに挨拶が命綱であります。

最近、問題になっているのは、家族といっしょに暮らしていながら、近所の人も安否がわからないケースがいくつもあることです。

東京で起きた事件も、百十一歳とされる男性は、娘夫婦と孫と同居していました。医者にかかっている形跡もなく、役所も近所の人や民生委員が不信を抱いても、家族は「本人が嫌がっている」と面会を拒否してきました。

ようやく、孫からの通報で、おじいさんはずい分前に亡くなっていることが確認されたのです。ベッドの上に横たわって、ミイラ化し、一部は白骨となっていたというニュースは社会に衝撃を与えました。

孫の話では、放置したのではなく、「即身成仏する」と言って、男性は部屋に閉じこもってしまい、そのままになったのだと言ったそうです。

都会の、普通の家屋で遺体が「ミイラ化」したということなので、亡くなった方は、絶食などした覚悟の死であったのかもしれません。しかし、異臭もあったことでしょうが、近所は気付かなかったのです。なにより遺体を三十年もそのままにして、同じ屋根の下でほかの家族が生活していたことに驚かされます。

日本では、食事を取らずに自ら死を選んで「ミイラ」になることを「即身成仏」としてきた歴史はあります。しかし、明治五年に新潟県の僧侶が成したのを最後に、法律で禁じられています。この僧侶は寺で手厚く供養されていると聞いています。

ただ、このような死を迎えた人間を、そのままにしておいた遺族は、いったいどんな考えの人だったのでしょうか。しかも、この男性の妻がその後に亡くなると、遺族年金が男性の口座に振り込まれていて、これが引き出されていました。死者の年金を家族が使っていたのです。

年金が欲しいので、高齢者が亡くなっても届け出ない家族がいると推測されながら、役所では確認できないケースが、全国でけっこうあるとも聞いています。届出制なので、頭が痛いところのようです。

亡くなった家族の供養を、どのように思っているのか、現代社会の思わぬ「落とし穴」だと、私は気にかかります。

家族は、本当の言葉を使って会話をしているのでしょうか。

ひきこもりは、生きているのにコミュニケーションをとることができない。死者を放置することは、あの世に旅立った霊に対してきちんと見送っていないことになります。知らん顔をしているようなものであります。

生死を超えて、私たちはいつも他者との挨拶をしっかりしておかねばならないと、私は気になっています。

●日本の若者が抱える闇の深さ

いま、中国の勢いが盛んです。若者は倹約してお金を貯めて事業を始めようとし、あるいは海外に飛躍しています。日本への観光客が激増していますし、日本の国債や不動産に投資する中国人が増えているそうです。その是非を問う間にも、中国経済が伸びているのです。

それに比べて、日本は元気がない社会になっている感があります。もう三十年近く前になりますか。イタリアの有名ブランド・ベネトンの広告で世界的に注目を集めていた写真家が、二十世紀の終わりを象徴するターゲットに選んだのは、日本の原宿に集まる若者たちでした。

「世界の若者の多くが、貧困と戦禍にあえいでいる。いまだ世界の覇者と信じている欧米でも、若者は階級差別や失業に悩まされている。そうした問題にさらされずに生活している世界で唯一の存在が日本の若者だ」（朝日新聞、平成十年十月三日付け夕刊）

そう語った写真家トスカーニさんには、原宿の若者たちが、世界一おしゃれで清潔、暴力とも無縁で、まるで天使のように見えたといいます。そして、インタビューした約二百人がみな政治も社会も語らなかったことに驚いたようでした。

彼らが、まるで沈みゆくタイタニック号の乗客のように、周囲の現実を見ようとしないで自分たちだけの世界に浸りきっている様子が、「貧困や暴力にも増して、我々が今後直面する悲劇の前触れではないか」と、世界を自分の足で歩いて確かめるこの写真家は感じたそうでした。

世界同時不況になって、日本も打撃を受けました。外国の経済の回復にくらべると、日本はなかなか不況から抜け出せないようであります。

失業する若者は急増して社会問題になりながら、その壁をぶち破って未来を創ろうとする若者の姿がなかなか見えません。それどころか、身分が不安定な派遣社員だった若者が秋葉原で無差別殺人を起こしました。ほかにも無差別殺人事件が続いて、日本の若者が抱える心の闇の深さに慄然としています。

自分のことしか考えられない若者、暴力で自己アピールをする若者、親や家族をないがしろにする若者、暴飲暴食……。お大師さまが「蛭牙公子」として取り上げた若者の無頼ぶりは、本人が気付かずにさすらっている闇の世界の姿であります。

それは、現代日本のテレビや週刊誌そのままでありましょう。若い女性タレントのヌードが話題になり、セックス産業が繁栄し、美食を求めて、世界中の食材を食べ尽くす勢いで摂っています。

●楽しければいいじゃないか

『十住心論』の巻一「異生羝羊住心」の世界です。異生とは、聖者に対する凡夫を意味しております。地獄・餓鬼・畜生の世界に生きるものを指しており、生まれる世界がそれぞれに違うから「異生」とされます。羝羊とは雄羊のことで、性や食べ物という本能的な欲望のおもむくままに生きている有り様を雄羊にたとえているのです。

「冥より冥に入り、相続して断ぜず。循廻を車輪に比し、無端を環玉に均しくす。昏夜長遠なり。金鶏何ぞ響かん。雲霧靉靆たり、日月誰かかげん。来途始めなし、帰舎幾の日ぞ。火宅の八苦を覚らずして、いずくんぞ罪報の三途なることを信ぜんや」

言葉が難しいのですが、お大師さまの文章はとてもリズミカルで、胸に響きます。たとえ判りにくくても、できれば声を出して、なるべく現代語訳ではない、元の文章を読んでいただきたいと思います。

わかりやすく申しますと、次のような意味になります。

迷いの心は、暗きより出でて暗きに入り、絶えることなく続き、めぐり巡る有り様は車輪のようであり、端のない玉の輪に等しい。長くて遠い夜が続いているから、ときを告げるはずの鶏の声が響くこともない。雲や霧が深いというのに、どうして日や月をかかげることができようか。来てしまった迷いの道に始めはないのだから、故郷に帰りつくのはいつの日のことだろう。猛火に包まれた家のなかにいるような八つの苦しみを直視せずに、罪の報いである地獄・餓鬼・畜生の三悪道に堕ちることが信じられようか。

目先の楽しみに心を奪われて、何も見えず感じない、そんな状態をお大師さまは語るのであります。「帰舎」という言葉を私は故郷と読んでみました。お大師さまは、生命とは大日如来から発して、またそこへ戻るもの、宇宙こそ私たち生命の故郷だ、と教えておられます。

楽しければいいじゃないか、おもしろければ幸せじゃないか、という声が聞こえてくるようですが、本当にそうでしょうか。どんなにグルメでも、満腹では美味しさを感じることはできません。

これでもか、これでもか、と食べ歩いた結果、コレステロールがたまって病気にもなります。

自然食が良いからといってあちこちたずね歩いて材料を揃えても、新鮮でなければ、やはり体に良いとは限りません。心がこもらない食事ほど空しいものはありません。

そのような異生羝羊心を出発点として、闇から光への、十界の有り様を、心の有り様から見つめてみたのです。

●まずは言葉を大切にすることから行いを正していく

六道輪廻は、死後にどこかで体験するものではなく、すでにこの現世において体験しています。テレビのワイドショーは、まさに六道の様子を私たちに見せてくれているようなものです。

同じ日本語を話していても、なにかしっくりこない、嫌な感じがする、そんな経験がありませんか。

きっと、十界のなかの異なった世界の言葉をしゃべっているのです。

地獄の言葉と神々の言葉と会話しても、なんのことかわからないでしょう。互いに、自分の言葉が一番だと思っているのです。

しかし、御仏はこれを理解できます。

「この十種の文字の真妄、云何(いかん)」

十界にそれぞれ言葉があるというなら、どれが本当の言葉で、どれが偽りのものなのだろうか。

お大師さまは、「すなはち九界は妄なり」と、はっきりと宣言します。つまりは一の御仏の言葉以外は、すべて虚妄なのだ、と。

「仏界の文字は真実なり。

故（かるがゆえ）に、経に、真語者、実語者、如語者、不誑語者、不異語者といふ。

この五種の言、梵には曼荼羅といふ。

この一言の中に五種の差別を具するが故に、龍樹は秘密語と名づく。

この秘密語を、すなはち真言と名づくなり。訳者、五つが中の一種を取って翻ずるのみ」

十種の領域の文字について集約すれば、仏界の文字が真実であり、それゆえに経典では仏のことを、「真を語る者」「実を語る者」「ありのままに語る者」「誤りなく語る者」「虚偽を語らぬ者」という。

真の語、実の語、ありのままの語などこの五種の語を梵語でマントラ（真言）という。

私たちの日常生活でも、本当のことを語り合えるところから、気持ちが通い合います。ウソばかりを語っていれば、心はいつしかすれちがってしまいます。

真言には、エネルギーそのものを伝えるパワーが込められているのです。真実とは、御仏の言葉にある真実を伝えるものであるから、パワーが出せる、と言ってもよろしいかもしれません。

偽りの言葉には、パワーがありません。たとえ、偽りの言葉によって成功した人がいるとしても、やがてはその偽りの言葉によって押しつぶされてしまいます。

「仏のウソを方便といい、軍人のウソを戦略といい、商人のウソを商いという」

そんな言葉があるそうです。諧謔であります。逆から読めば、この言葉も本当のことを伝えていると、私は思います。

軍人が戦略を練る、商人が売り込みをするとき、言葉をもてあそべば、これは「ウソ」になります。

しかし、御仏は言葉をもて遊ぶということはありません。御仏が方便を使うのは、真実をわかりやすくするための言葉を使うことであります。真実の言葉は、苦しみから解放する薬として作用し、偽りの言葉は長い苦しみを与えることになるのです。

現代の「蛭牙公子」にならないために、まずは言葉を大切にすることから、行いを正していくように。私は、とりわけ若者たちに説いています。

●お前たちはどうして親の恩を忘れてしまったのか

親を親として敬う心を、もう一度社会に根付かせたいと、私は「心の再生」を強く祈るこの頃です。親の供養より年金が欲しい、自分の感情のままに子供を虐待する、育児がいやになったからと二人の幼児を家に閉じ込めたまま放置して死なせた母親もいました。

親子は、この世の人間関係の原点です。

お釈迦さまは親と子の心を『父母恩重経』で説法しました。子に対して親の恩を説いているものです。

「父母の恩重きこと天の極まり無きが如し」

お前たちは、どうして親の恩を忘れてしまったのかと、お釈迦さまは衆生の心の弱さを戒めました。

「孝養の一事は在家出家の別ある事なし。出てし時新しき甘果を得れば、将ち去りて父母に供養せよ。父母之を得て歓喜し、自ら食うに忍びず、先ず之を三宝に廻らし施せば、則ち菩提心を啓発せん。父母病あらば、牀辺を離れず、親しく自ら看護せよ……」

美味しいもの、珍しいものをいただいたなら、まず親に食べさせたい。そう思う心を持つようにと、お釈迦さまは説きます。親が病気になったら、傍について薬をすすめ、医師と相談をしながら看病するように、いつも親への感謝を忘れてはいけないよ。そう教えます。それは親が子を育てるときの心でありました。親は、美味しいものがあれば、自分より子供に食べさせたいもの。病気になれば、自分が代わってやりたいと傍を離れないものであります。

その心を知るように。お釈迦さまは、そう説いているのです。現代社会の介護問題に、この教えをそのまま当てはめるのは、酷なことになると、私は思っています。古代の、大家族で暮らしている、医療体制も整っていないときの教えですから。むしろ、その「心」を読み取ることが大切だろうと思います。寝たきり老人の介護を家族だけでしているのでは、核家族は倒れてしまいます。しかし、施設に預け放しでいいわけはありません。介護のプロフェッショナルの助けを借りながら、質のよい介護を選ぶことも、「他人まかせにしない」心でしょう。

「庭を過ぎ誨(おしえ)を蒙(こうぶ)れども、己が悪を誅(せ)めずして」

お大師さまは、「蛭牙公子」の悪い性向を並べるなかで、こう説きます。

庭とは、師父のことです。側に教えを受けることができる先達がいて教えてくれていても、自分の悪いところを責めようとはしない。かえって、先生の教えを恨んでいる。

　この一句だけでも、私は教育現場に伝えたいと、心の底から思います。

　最近、親たちが教師や学校にクレームをつけるケースが多く、それが理にかなっていればともかく、わが子可愛さ、身びいきの者が少なくないそうで、「モンスター・ペアレント」などと呼ばれる親たちがいるのです。

　教師や学校に問題がないとは申しませんが、親たちの姿勢も考えものであります。「己が悪を誅めずして」という、反省の心を忘れた日本人が、社会に小さな穴を開けて、知らず知らずの間に大きな落とし穴をつくっているように思えてなりません。

「屡多言を事として」とも、お大師さまは指摘します。

　口数が多く、しかも「善をそしる邪まな言葉」で、それが肉親をも真実の宝をも滅ぼすとわかっていながら、言葉を使えば栄達にも影響するからと口を慎まない。

　悪いことを散々やっておきながら、弁舌さわやかにまくしたてて、出世しようとしている若者の姿が「蛭牙公子」に重なります。

　昨今、振り込め詐欺など高齢者を言葉たくみに騙す集団も、このタイプに入るのかもしれません。

このような愚行は書き切れないと、お大師さまはあきれます。

美味しいものをたらふく食べて、贅沢三昧で暮らしていても、「蛭牙公子」の生活は犬や豚と同じように空しいものだと、批判しているのです。

おそらく、それは「蛭牙公子」に集約した当時のエリート青年たちの姿だったかもしれません。

讃岐で、自然と愛情に包まれて成長されたお大師さまが、奈良の都で見た人々の姿が、ここに反映していると、私は読み解きます。

当時、貴族と庶民の暮らしには雲泥の差がありました。生まれながらに保護されて安穏と暮らす貴族の子弟たちに、お大師さまは反発したと思うのです。

エリート官僚への道を捨てて、仏の道を求めたお大師さまにとって、日々を飽食して遊び、口先ばかり達者で世渡りをはかる上流階級の子弟たちの心が、どれほど空虚であったかを、若きお大師さまは知ったのです。

なぜなのか。その答えの一つを、お大師さまは父母との絆に求めました。

都で暮らす貴族たちの中には、家庭よりも自分の栄達や遊びを優先させる者たちがたくさんいたと思われます。宮廷には権力をめぐる陰謀が渦巻き、親でも兄弟でも闘争の対象として、失脚させたり、果ては殺してしまうこともありました。

そうした暗闘の果てに、やがて平安時代が幕を開けていくのです。

それは、仏さまの道に通じる人間の道ではないと、青年お大師さまは深く憂えておられたのでした。

どうしたら、人々を救うことができるのだろうか。お大師さまが道を求める発心には、その憂いがあったと、私は学んでいます。

●親を思うことは自分を思うこと。仏を思うことは自分を思うこと

このあとも、『三教指帰』では、さまざまな教えが説かれますが、ここでお大師さまは繰り返し、親族への思いやりと、言葉の大切さを説いています。とても難しい言葉が続くので、逐次、文章そのものを紹介せずに、エッセンスをお伝えすることにしました。

親とは、子とは。それは生命にとって、どのような存在なのか。もう一度、考えてみたいと思います。この巻は、儒教の教えを述べているところなので、とくに親を敬うことを重視する教えを、お大師さまは説きました。それは儒教だけでなく、親を敬い子を貴ぶのは、生命の原則によるものであります。人間が本来持っている「あるがまま」の、仏さま

の心であります。

あなたは、親と心を通わせていますか。出家した者も在家の信者も、親子の絆は心の交流です。親には、子に伝える生命の情報があります。子はそれを受け継ぐ役目があるのです。日本では「血のつながり」をたいへん重視しますが、外国では養子を育てる家庭も少なくありません。また、子供がいない夫婦もありますし、独りで生きる人生を送っている人もいます。

しかし、親のいない子はいません。親がいたからみなこの世に生まれてきたのです。どのような状況で生まれてきたのか、これもまた千差万別です。祝福されて生まれてきた子もいれば、悲しみや苦しみを背負って生まれてきた子供もいます。

どんな子も、みな仏さまの愛に包まれて生まれてきています。しかし、その愛を知るために、人生の旅が始まります。

生命のネットワークと、私が説いている天上に編まれた網の、一つ一つの結び目に、親と子は結ばれているのです。

生命の光の川は、巡りめぐって連綿と続いています。親というものは、たとえ血がつながっていなくとも、子と思って育て、わが身がこの世で得たものを伝えようとする存在であります。

親の恩を知ったとき、太古から連綿と生命を育ててきた先祖の恩をも知るのです。仏さまの生命の力を感じ取るのは、「あぁ、私は独りぼっちでここにいるのではない、私の体内には数えきれないほどの昔から続いている生命の力が込められている」と思えた瞬間でしょう。

親を思うことは、自分を思うこと。仏さまを思うことは自分を思うこと。仏さまを思うことは生命そのもの、私たちが生きている地球を、社会を思うことにつながるのです。

自分が満たされて生きたいと思ったら、親の気持ちを大切に生きてみましょう。内なる仏さまと出会うようにしてみましょう。仏さまと出会うには、周囲の人の優しさを見つけるようにしてみましょう、自然のなかで深呼吸してみましょう。

「諸仏威護して一(ひとえ)に子愛あり。
何ぞ惆悵(ちゆうちよう)することを須(もち)いん
人間の難きを」(『性霊集』)

お大師さまの言葉です。

諸仏はみな衆生を加護している、それは子供に対するのと同じ愛情である。どうして、世間の艱難をいたむ必要があろうか。

仏さまが衆生に注ぐ愛とは、親が子に注ぐ愛と同じだ、とお大師さまは教えています。まったき信頼による生命の絆であります。

●恩とは縁を大切にする生き方

この世に生まれてきた子は、無防備です。育てる者にゆだねなければ、食べることも暖をとることもできません。危険から守ってくれる親に全幅の信頼をおいて、任せるのです。「親は仏さま」と知っているから、信じるのです。

その信頼を、虐待する親は裏切ったことになります。それは、大人同士の裏切りではなく、仏さまを裏切ること、つまりは我が生命を裏切っているのです。

子供に愛を注ぐのは、我が内なる仏に愛を送ることです。子が親を愛するのは仏さまが親の心に宿っていると知っているからであります。

お大師さまが、このような教えを説くのは、お大師さまご自身が、両親から愛をいっぱい受けて成長したからでした。幼いお大師さまを、ご両親は「貴うもの」といって大切に育てた、と伝えられます。お大師さまがいきいきとした賢い少年だったからでしょう。しかし、それだけでなく、子は仏さまからの授かりものという、ご両親の篤い信仰心によるものだったと、私は思っています。

子は、みな宇宙の宝です。仏さまなのだと思えば、虐待はおさまりましょう。まずは、親の心を取り戻すことから、虐待の防止は始まります。

仏さまの慈悲を感じる心が、親というものの心であります。

仏さまは、しかしやさしいばかりではありません。ときには厳しい愛もあります。

私たちの身体は親からいただいたものです。半分は父の、半分は母の身体、この父母の体が相和してできた身体をこの世の乗り物として、私たちは生命の旅をしているのです。

「父とは金剛界恵(え)の法門なり、母とは胎蔵界定(じょう)の法門なり、父母とは金胎両部の曼荼羅なり」

高野山中興の祖といわれる興教大師覚鑁(かくばん)上人は、このように父母の恩愛を『父母孝養観念』のなかで教えました。

母親は、子供が胎内で育つときから一体感を持つことができますが、父親が親であることを実感するのは、やはり子供がオギャーと生まれてからのこと、抱いたり、話したりしながら子供を見守るようになるのです。我が子に対して客観性にたつ親の心を「父性」と呼び、子の心から見る主観性を「母性」とするのではないでしょうか。

両親からいただいたもの、といいますが、どれが父親からのもの、どれが母親からのものなどと分けようとしても、これはわかりません。父と母との生命が呼応して新しいものが誕生したのです。

恩という言葉を平たくいえば「めぐみ」であり、「なさけ」であります。これがあるから社会は和やかに睦み合ってゆけるのです。もともと恩は、強制すべきものではなく自分で感じ取っていくべきものです。

恩といいますと、現代の人たちは旧世紀の遺物のように考えます。しかし、私は恩とは縁を大切にする生き方であり、社会のあり方の指針だと、いまの時代だからこそ恩を大切に思っていかねばならないと痛感しているのです。雨の日に傘一本を貸してくれた人に礼をのべ、道を聞いて教えてくれたら「ありがとう」と言う、そんな社会を取り戻したいと願うから、人の厚意を素直に感じ取れる気持ちを育てたいのです。それが「恩」を知ることなのです。

「四恩」は、古い思想ではありません。

お大師さまは、当時最高のエリート教育を受けていたのですが、これを捨てて仏さまの道を求めました。表面的な「恩」の観点からみれば親の期待を裏切った、育ててくれた恩を考えない行為だという人もありましょう。親への恩は、周囲への恩を受け止める心に育ちます。

「人と憂いを共にして親疎を別(わかた)ざるなり」

お大師さまは、ここで心ある人のあるべき姿を説いています。わが心に親を愛する心を持つ者は、他の人が親の病に心を痛めているときには、その憂いを共にして、親しい人も知らない人も区別することはない。

お大師さまは、「蛭牙公子」の悪行を並べていながら、これを反面教師として、どうあれば人としての道を歩くことができるのか、導いて下さっているのです。まだ、道は藪の中、光はなかなか見えませんが、お大師さまの言葉を灯火として進みましょう。

社会のルールを重視して世の中を救おうとした儒教

●儒教に説く人間の理想像

親孝行という言葉が社会から忘れられかけているような、現代日本です。親孝行は、本当は自然な気持の現れなのですが、親と子の絆が見えなくなっているのでしょうか。

心を入れ替えて、親孝行をするようになれば、きっと幸せになれる。

「三教指帰」の上巻で、お大師さまは亀毛先生にそう語らせました。

儒教に説く賢人たちや、歴史上で知られた偉大な人たちを引き合いに出して、人間のあるべき理想像を語るのです。その内容の多彩なこと、お大師さまの脳に造られた大きな図書館を縦横無尽に歩いているような気持ちにさせられます。

「二十四孝」と言われた中国の親孝行者たちの名がまずあげられます。

父が死んで三年間も血涙を流し続けて悲しんだ高柴(こうさい)という名の青年をはじめ、孝行によって黄金の釜を掘り当てた郭巨(かくきょ)、親を思う気持ちが通じて寒中に筍(たけのこ)を見つけた孟宗(もうそう)、同じく寒中に鯉をとった王祥(おうしょう)など、次から次へ、名前とその人の功績が語られます。

ここは、心がねじまがっている蛭牙公子に亀毛先生は説教している場面ですから、まるで亀毛先生が自らの知識を自慢しているかのようでもあります。

蛭牙公子が心を入れ替えれば、このような立派な人たちよりさらに名声を得るだろうというのです。

学者や歴史家からは「舌を巻いて」敬礼されるだろう、文化人、軍人もみな蛭牙公子より劣る存在となるだろう。まるで人名録のように各界の偉人たちの名を並べて、その人たちを上回る名声を得るだろうというわけです。ここはさまざまな偉人の名が出てきますから、教養として読んでも面白いところです。

政治家として名が挙がるのは楊震(ようしん)です。

「天知る、地知る、我知る、子(きみ)知る」と言って賄賂を拒否した清廉な政治家として知られています。誰にもわかりませんから、などと贈賄側が言ったのでしょう、これに答えた言葉です。「天地と私とあなたとが知っているではないか。それで充分だ」と、楊震は言ったのです。政治家とはつねに天地に立つ我が身を考え、他者のことを思って政治をするという教えを説く故事であります。

現代の政治家に教えたい言葉です。都合の悪いことは隠してしまう。バレなければよいと思うのでしょうが、天も地もしっかり観ていることを忘れては、本当の政治はできません。

さて、そのあとに続く言葉に、私は強い印象を受けました。現代の言葉に訳しましたものを紹介しましょう。

「郷土のよいところをえらんで家をつくり、よい土地をえらん住宅とし、道を床(ゆか)とし、徳を寝具とし、仁を敷物として坐り、義を枕として臥(ふ)し、礼を蒲団として寝、信を礼服とするつもりで生活すべきである。その日その日を慎み、短時間でも惜しみ、倦まず研鑽し、善悪を取得せよ。忙しいときも書物を捨てず、片時も紙や筆をはなさない」

ここでいう「道」とは、道路ではなく、理想を求めるための「道」であります。

これは、儒教が説く人間の理想像です。真面目で勤勉な人間を理想とするこの教えは、日本でも長く守られてきたものであります。

話は少しそれますが、日本における儒教の影響は、じつは深いものがあります。日本人とくに武士を中心とする知識階級は、幼いときから「論語」の素読などで教育を始めましたから、江戸時代から明治・大正・昭和を経て、なお根強く残っているものです。

私は、かつて臓器移植に関する日本人の意識調査をまとめて医学博士号をいただきました。親からいただいた身体は、たとえ死後であっても損傷してはならない、と考える人が少なくなかったのですが、これは仏教思想というよりは儒教思想であると、私は指摘したのでした。

その源流が、お大師さまの著作にあるのです。しかし、この理想像は正しいのですが、どこかおかしいと思いませんか。本当はそれだけでは生命の真理を知ることはできないのです。いっきょにその答えに行き着くまでには、まだお話は続きます。

「絵に描いたような幸せ」が蛭牙公子の心を動かす

亀毛先生はさらに語りかけます。

このように、真面目に勤勉に礼節を守って暮らしていくと、人生の成功者となるだろうと言うのです。

「遠くから馬車が来て門外にひしめき、贈り物としてたくさんの絹布や玉が、庭園の中にまるで店のように並べられるだろう。士官を求めずとも王たちがやってくる。父母にするような孝行の気持ちを君主への忠義とすれば、宮廷での出世を果たし、政治家となって民に善政を施せば、人々から非難されることはない。栄誉は子孫に伝わり、生きているうちは高い爵位をもらって安定した生活を送り、死んでからは立派な諡が贈られるだろう。これは永久不滅の立派な業績であり、これ以上望むべきことはない」

末は博士か大臣か。まさに、ついこの間までの男子の夢といいますか、立身出世の理想像がここにあります。

お大師さまが、この『三教指帰』を書かれたときは、十代で都に出て学んでいたエリートコースを捨てて、山野で修行を続けてきた、一区切りの時期でありました。

周囲の若者たちが目指す出世の行き着くところは、朝廷に入って大臣になることで、それもすでに藤原氏の勢力が拡大しているときですから、どれほど努力しても頂点に立つことはできません。それを承知で、お大師さまは亀毛先生に「ばら色の出世コース」を滔滔と語らせているのです。

千年を超える昔から、いまも社会の基本的なパターンは変わっていないことを思わせる記述に、私は驚きました。

さらに、こんどは私生活の充実です。

こうして、立派な行いをする男性は、良家の美しい女性と結婚すると言って、亀毛先生はまるで目の前で婚礼が行われているかのように、語ります。少し長いのですが、現代文になおしてご紹介しましょう。

「婚礼の日ともなれば、迎えの車は大きな音を立て、盛大に道にあふれ、送りの行列のウマが踊り上って城郭の外に行く。女性の従者がつづき、袂を幕として日光をさえぎり、手輿をかいて歩くものや、馬を御する供廻りの者たちは流れるほどの汗をかいている。

里帰りの行列の輿の上にかかる紫色の天蓋は、大空に飛んで雲の流れるようであり、刺繍のある美しい着物は、地面をかすめて風のようにすぎて行く。婚礼には花嫁を迎えるにも送るにも、すべて丁重な儀式をつくす。

さて奥の部屋では、新郎新婦が対等の立場で飲食をともにし、同じ瓢を割ってつくった杯で酒を飲み、夫婦一体となる。珠すだれを巻き上げて美しい花嫁と対面し、黄金の床を払いきよめて立派な新郎と並ぶ」

これほど具体的な婚礼の描写に驚かされます。お大師さまは、このような婚礼を実際に見たことがあったのでしょうか。それともなにかの文書で読んでいたのでしょうか。

文化史のうえからも、貴重な記述だと思います。新郎新婦が「対等の立場」で式に臨んでいたことや、杯は瓢箪を割ったものだという描写が、興味を引きます。

そして、夫婦は琴瑟相和して末永く仲良く生涯を送るのだと、亀毛先生は蛭牙公子に説いて聞かせたのでした。

「夫婦はときどき親族一同を集め、友達を招いて山海の珍味をならべ、何回も醸したうま酒を酌み交わす。何度も盃をやりとりし、なみなみと注いだ盃を何回もほして見せ、しきりに廻す。客はいろいろの楽器を演奏し、『我帰らん』という祝いの歌を歌うと、主人は客が帰れないように車を細工し、帰りは露が多いという。そうして客は何日も帰ることを忘れ、来る夜も来る夜も舞い続けて世の中の歓楽をつくし、浮世の味わいのかぎりをつくす。まことに楽しいものである」

なんとまあ、お大師さまの時代の宴会の様子がこと細かく描かれているではありませんか。客は、何日も居つづけて踊ったり、楽器を奏でたりして過ごすというのです。

ほかの著作と違って、この『三教指帰』が日本最古の小説と言われるゆえんは、この辺りにあるのかもしれません。

こうした「絵に描いたような幸せ」が蛭牙公子の心を動かし、「教えに従います。心を入れ替えます」と、公子は亀毛先生にひざまずきます。父親も涙を流して、この結果を喜びます。

●死ぬ時はこの世に置いていかねばならぬものばかり

しかし、果たして、それで本当の幸せを手に入れることができるのでしょうか。

お大師さまは、第二幕を用意しています。

ここに描かれた理想的な人生は、すべて俗世のものであります。この世の目に見える幸せです。そして、どうも親孝行が幸せをつかむための「手段」のように扱われていることが気になります。なぜ親孝行するのか、という心について語られていないからでしょう。それが、次の教えにつながっていきます。

誰もが、このような暮らしをしたいと願うでしょう。それを「欲」といいます。

仏教では、欲には三つあると言います。一つは善欲です。世のため人のためにつとめはげむ欲であります。二つめは悪欲です。財物などに対するこだわり、とらわれ、むさぼりの欲であります。三つめは無記と言います。無いという「無」に記録の「記」を書く言葉で、これは、善でも悪でもないものです。

また五欲として、色・声・香・味・触の五つの肉体的感覚に愛着するものをあげています。さらに欲界として食欲、淫欲、睡眠欲の三欲があります。

嘘にも、人を救う良い嘘と、自分だけ得をして他人を傷つける悪い嘘があるように、欲にも、世のため人のためになる大欲と、自分の肉体的感覚の満足を追い求める我執の小欲とがあるのです。

たいせつなことは、自分はいま、どんな欲に迷っているかを知ることなのです。

亀毛先生が語った幸せは、死ぬ時にはみなこの世に置いていかねばならないものばかりです。家族も名声も財産も、どんなに追い求めて手に入れたとしても、永遠の物質というものはないのです。そして、これを守ろうとする執着が、心のホコリとなってしまうのです。

そうならないために、自分だけの小さな欲ではない、集まった財も友情も愛情も、多くの人と分かち合うようにと、密教は教えます。そうして、初めて、欲は輝きを増すのであります。

たくさん集めて、たくさんの人に分かつ。大欲の教えです。

密教の先達である不空三蔵が、南インドに『大日経』などを求めて行ったとき、龍智阿闍梨は三蔵から献上された財宝を、「私の宝は心だから」と言って、拒否されたそうです。

しかし、密教第六祖の不空三蔵も、第七祖の恵果和上もじつは、このような献上の品々を断らずに受け入れて、これらをすべて必要な人たちに分かち合っていたと、密教の先達たちの伝記を語りながら、お大師さまは伝えています。

どちらがよくて、どちらが悪いと論じてはいません。しかし、お大師さまのその後の行動を見ていると、たくさん集めて、たくさん散じるという恵果和上たちの教えに従っています。

昭和天皇のお母さま、貞明皇后も、「いただくのが好き」と言いながら、それらを必要な人たちにどんどん分けておられた、というエピソードを思い出します。ご自分のものとしない。私心を持たない姿勢で、昭和という難しい時代に、昭和天皇を陰ながらしっかり支えられた貞明皇后に、私は敬愛の気持ちを持っています。

恵果和上が亡くなったとき、お大師さまはすでに後継者に指名されておられたので、師を顕彰する碑文を書かれています。その中で、こんなふうに述べておられます。

恵果という方は、たとえ財宝や金銭を貢がれても、それらを貯えることをしない人だった。そのお金で大曼荼羅を建てたり、僧坊や堂塔の修理をされた。貧しい人にはご飯を与え、精神的に貧しい人には御仏の教えを授けて帰された。物を与えることもされた。僧侶というものは、もともと物を施す者ではないが、財産を蓄えて、これに執着してはならない。そして、身分の高い人も、低い人も等しく御仏の教え、仏法を与えなければならない。寺の門を叩く人は、初めは絶望して寺にくるのだから、門を出ていくときには、満ち足りた気持になって帰す。恵果和上はそういうお方だった——。

お大師さまは師の恵果和上を、このように讃えました。お大師さまご自身が、海を渡って唐の都・長安にやってきた留学生でした。恵果和上の門を叩いて教えを乞う日本からの留学生の必死な思い、気高い大欲の心に応えて、和上は持てるすべての教えを、まるで瓶から瓶に水を移し替えるように注いだのです。

求めるものを、与えられるほどに持つ。それは物心両面において、大きく大きくなることなのです。

「虚しく来たりて、実ちて帰る」

お大師さまの、この教えこそ、真言密教の本質を表していると思います。煩悩はいけないものだから、切り捨ててしまえと言ってもむずかしいものです。そして、切り捨てた煩悩は、どこへいくのでしょうか。ゴミとして捨ててしまえばよい、という発想に、密教の先達たちは、異を唱えたのだと、私は解いています。

●煩悩をよい生命力に変えていくのが「大欲」の教え

お大師さまの教えに「福智無辺誓願集」というものがあります。これは、「福智」を積極的に集めていこう、という意味の言葉であります。「福」は物質的に満たされる状態で、「智」は精神的な幸せです。それは、裏返せば、煩悩のもとでもあります。

煩悩を切り捨てるか、これを受け入れて、より大きな生命力とするのかが、ほかの宗派と真言密教との違いです。「福智」を否定するのではなく、集めて、さあ次にどうするのかが、御仏に近づくのか遠のくのかの分かれ道です。

あれも欲しい、これも欲しいと集めて、これを自分だけの所有物と思って、抱え込んでしまっては、物も心もよどんで腐ります。集めた物、寄せられた心を、いっそう多くの人たちと分かち合うとき、物も心もさらに生かされてパワーを増すのです。

煩悩を、どうやってよい生命力に変えていくのか、それが「大欲」の教えです。「五大願」といい「大欲」といい、密教は「大」が好きです。そもそも「大乗」とは、宇宙が小さなものではない、みんなで乗っても壊れないほどの大きいものだから、大きな乗り物という発想になるのです。

願って願って願って願って、求めて求めて求めて求めて、得たもの全てを他者のために施して、大きな大きな乗り物に共に乗って彼岸に至るのです。

我が心が満たされないで、どうして他者と手を携えて満ちることができましょう。我が満ちた思いを他者と分かつ。そこに、無限の功徳が表れます。それが「大欲」「大願」の教えです。

知識を施すことができる人は知識を、労力を施すことができる人はその労力を、財ある人は財を、時間を持てる者は時間を、徳ある人は徳を、笑顔ある人は笑顔を、精一杯施せばよいのです。ただ、手をとって安心してもらうという施しもあるのです。

何も持たない人はいません。困っている人がいたら、自分に何ができるのだろうかと、我が身の可能性をよく見直してみれば、きっと他者の役に立つことが見つかります。

そうしてみれば、自分も生きている価値があることがわかってきます。

何もできない、何も役に立たないと、ひきこもっていないで、何ができるのか、一つでもいいから見つけてほしいと、私はいつも世に問うているのです。

元気の素は、他者の幸せを祈ることです。それが、知らず知らず、自分の充足感となって、我が身の幸せになっているのです。

他者のために使えるものは限りなくあります。心の循環です。社会に、相手を思う心が人から人へ、スムーズに流れていれば、安心して暮らすことができます。

しかし、自分のためだけを考えていると、そのものやことが無くなってしまったらどうしようと、不安になります。

中国に客家（はっか）と呼ばれる人たちがいます。昔むかし、戦乱を避けて南へと流れてきた人たちが、豊かな土地にたどり着いたものの、受け入れられず、さらに追われて、広東省や福建省、江西省などの山岳地帯に住み着きました。客の家と書いて「はっか」と読むのですが、文字通り客人であり、よそ者なのだと扱われてきました。

しかし、その団結力は強く、世界中で活躍し、「東洋のユダヤ人」とも呼ばれるダイナミックなネットワークを持っています。そして、孫文を始めとして、現代にも偉大なリーダーや大富豪を輩出しています。

その客家のことわざに、「運は親切にした相手の背中から来る」というものがあるそうです。（甘粕正『客家大富豪18の金言』）

親切は、施した人ではなく、別の人から返ってくる、という意味です。親切にしたのだから、何か返してほしいと、見返りを期待していては成功しない。私心のない行為は、必ず誰かが見ていて、福徳となって還ってくるのだ、という教えです。

真理は、みな同じなのだなあと、しみじみ思いました。

施しとは、見返りを期待しない行為です。何かが足りなくて困っている人に、何かを分けてあげたのですから、その人から同じものを返してもらおうと思っていたのでは、なかなか成果があがりません。あなたが、足りなくて困ったと思っているものやことは、別の人や方面から救いの手が差し伸べられるものです。あるいは、同じ人でも、忘れた頃に恩返しをされることもあります。他者に施すときは、祈りと同じく「無心」ですることが大事なのです。

施された人は、またできることを、足りない人に施す。しかし、助けてもらったお礼は、相手にしっかりと伝え、さらに胸に刻んで人生の糧とするのです。

●追い詰められた子供たちは、どこで心を癒せばよいか

戦後の日本で精神的な荒廃が進んだのは、それまでの「助け合い」の気持から、自分中心主義になってしまった結果であろうと、私は解釈しています。

核家族への変化は、小さな家を閉鎖的な空間にしてしまったようです。子供たちは、塾に通って、学歴社会への競争に追い立てられます。追い詰められた子供たちは、どこで心を癒せばよいのでしょうか。

目先のことに追われて暮らすので、「遠きを追う」視野も持てず、「終りを慎む」気持のゆとりもなくなってしまうのです。

『三教指帰』の上巻で、お大師さまは生き生きとこの世の幸せを描きました。心を素直にして勤勉に励めば、幸せな人生はやってくる、と。しかし、この人生を守ろうと、心の扉を閉じてしまってはいけない、と教えています。

この教えは、現代日本に必要なことだと、私は痛感しています。日本社会の閉鎖性が、ここにきてさまざまな問題を提起しています。

「ひきこもり」と言われる、自宅に閉じこもる青少年は全国で七十万人、いやそれ以上だとも言われます。誰とも会わず、ときに家族への暴力を振るうしか生きる力を表現できない彼らに、どうしたら社会への一歩を踏み出させることができるでしょうか。この『三教指帰』を読み解きながら考えていきたいと思います。

「勉強しろ」とうるさく言うからと、祖父を殺した高校生がいた事件を思い出します。成績のことで嘘をつき、父親に体罰を受けるのが恐ろしくて、自宅に放火して義理の母親と弟妹を死なせてしまったのも、母親を殺して首を切断してしまったのも高校生でした。

十代の、育とうとする生命力の暴発です。コントロールする身体の機能が壊れてしまったのです。あふれるモノ、便利になった生活。しかし、どうしても心の空白を埋められないのは、なぜなのでしょうか。モノに頼り、便利さを追い求める「煩悩」の海に溺れかけているのが、現代の日本人です。

あるいは、育児に自信を失ったり、放棄したい親たちの我が子への虐待も、生活の閉鎖性から心をも閉じていく現代の病気です。かつてのように、親族や近所とのコミュニケーションのなかで子育てができれば、孤立して追い詰められる母親は、とても少なくなるはずであります。

●長寿が「福」につながった古代、悲しみ、苦しみのもとになってしまう現代

そして、高齢者の問題です。

誰もが幸せな老後を送りたいと願っているのです。日本の高齢化スピードを、どうやら追い越すほどの速さで、後を追っているのが、中国と韓国、やがてはインドもそうなるだろうと言われています。

中国やインドのように、世界の人口のかなりの部分を占めている大国が、急速に高齢社会になったら、いったいどのようなことになるでしょうか。

高齢者のすべてが元気で暮せるわけではありません。中国では、たくさんの人が出稼ぎをしています。かつての日本のように、村には老人と女性が残って、若者は都会に出たま

ま帰らなくなって、都市に人口が集中するならば、過疎の問題が生じます。「福寿」という言葉があるように、かつては長寿はおめでたいことでした。七福神のなかには「福禄寿」もいます。長い頭に長い髭、杖の頭には経典が巻きつけてある像もあります。鶴を伴って、幸福と封禄と長寿の三徳を備えています。南極老人星の化身の道士だという神仙思想から来ている神様です。

この福禄寿と同じとされるのが「寿老人」です。七福神には、このどちらかを入れています。寿老人のほうは、玄鹿を伴っていて、この鹿は千五百歳、その肉を食せば二千歳の長寿を得るともいわれます。

古代から、人類がいかに長寿を願ってきたのか、福禄寿や寿老人はその現れです。しかし、現代では長寿がそのまま「福」につながるとは限りません。長寿が悲しみ、苦しみのもとになってしまうこともあるのです。

幸せのもとだと必死に願う長寿は、ときに日々の充実がない空虚な日々の積み重ねになってしまったり、家族との葛藤を深めたり、あるいは病気になって、自分のことさえわからなくなってしまうこともあります。

封禄は、財力でしょう。貧しく老いるよりも、資力をもって長生きしたほうが、快適に暮らせるでしょう。しかし、あまりに金銭にこだわってしまっては、孤立することもあります。

独り暮しの老人や老夫婦が事件に巻き込まれるニュースが続きます。みな大金を手元に置いていて、そのカネ目当ての殺人事件を列挙すればキリがありません。おカネを持っていることが、被害に遭う結果を招いてしまいました。幸せの元であるはずの財力が不幸の元になりました。

人類は、長い間、飢餓の恐怖とともに生きてきました。しかし、どうでしょうか。現代のかなりの国では、肥満が問題になっています。飽食の時代、といわれるほど、日本は食料が余って、むだにしてきました。糖尿病はいまでは国民病です。メタボリック症候群はみな溢れる食料と身体を使わない便利な生活の裏返しです。

こうしてみると、長寿にしても、飽食にしても、人類は有史以来、初めて体験することにとまどっているのではないでしょうか。これまで、善いと思われたことが害毒になるのです。

身体は、危機に対して守るようにできていますから、飢餓に備えていた身体機能が、飽食に対してはかえってマイナスに作用するのかもしれません。しかし、生命の本質は変わりませんから、このような逆反応も、あるいは一時的なものではないかと、私は考えています。いつでも食料がふんだんにあるとは限りません。いつでも健康で長生きできる環境ばかりでもないはずです。

マンションや集合住宅で独り暮らしをする高齢者が、どんどん増えて、孤独死する人たちが増えています。その一方で、家族がいるのに団欒がない家庭も多くなっています。介護が重くのしかかっています。そんな社会だからでしょうか、親が亡くなったのに届けないで、年金をもらっているケースがいくつも発覚しています。生きているうちだけでなく、死んでなお脛かじりの子供を抱えた親はたまりません。役所の戸籍管理の問題もありますが、同居しながら親の死を弔う気持ちを見失った子らがこれほどいることに慄然としています。

「風樹之嘆（ふうじゅのたん）」という四字熟語があります。

「樹静かならんと欲すれども風止まず、子養わんと欲すれども親またず」

『韓詩外伝』を出典にしているものです。ゆとりができて、ようやく親孝行しようとしたときに、親はもう亡くなっている。

「親孝行、したいときには親はなし」

日本語でも同じ言葉があります。しかし、現代では親孝行をしようと思えば、できるはずです。大人になって、ゆとりができたときに、親は長生きして健在です。思い通りにできる時代がやってきたのです。それなのに、親孝行ができないのは、自分の未来が見えていないのです。自分もいつかは老います。親孝行は、わが未来への供養でもあるのです。

●何も言わず一滴の涙で甥の心を変えた良寛

亀毛先生が説く出世や金持の暮らしの夢は、現代では壊れてしまっています。形あるものは、形にこだわるあまり、中身が空洞化してしまう危険を持っていることを、忘れてはならないのです。

現代は「モラル・ハザード」の時代だと言われます。「道徳崩壊」といえばよいでしょうか。しかし、道徳よりもっと心の奥底にたいせつにしてきた「心」が壊れかけているのではないかと、私は危惧しています。

だからこそ、まずは社会のルール、モラルを重視して世の中を救おうとした儒教の教えから、人が人として生きることを考えてみようと思うのです。

儒教は、あくまで現世のルールの教えであります。この世を生きるとき、争いや諍(いさか)いや裏切りなど、他人を傷つけて自分だけがよくなろうとする行為を厳しく戒めました。

自らを厳しく律して生きていくと、人から尊敬されるようになります。人徳です。それによって財も名声も地位もよき家族や友も集まってきます。

亀毛先生の教えを聞いて、蛭牙公子はひざまずいて言いました。

「これからは一生懸命、教えを習います」

父親はこれを観て、奇跡が起きたと、大喜びをしたのです。親の心です。

私は、この話を読んだとき、良寛さまのお話を思い出しました。越後で貧しい庵を結んで信仰生活を送っていた良寛さまのもとに、弟さんから願いの文が届きます。息子の道楽がどうしてもおさまらないから、来て説教してほしいというものでした。

良寛さまの生家は越後出雲崎の橘屋と言う商家でした。その息子は金銭を湯水のように使って、身上が傾いてしまうと親が心配したのです。

三日の滞在の間、良寛さまは意見をせずにおり、そのまま帰ると言い出しました。どうしてなのか、家の者たちはわかりませんが、しかたなく見送りに出ました。

玄関に腰掛けた良寛さまは、「ちょっと馬之助を呼んでくれ」と言い出しました。現れた息子に良寛さまは申しました。

「すまんが、わしの草鞋の紐を結んでくれ」

息子はかがみこんで草鞋の紐を結んでいますと、その手の甲にポタッと涙がこぼれ落ちました。良寛さまの涙でした。思わずハッとした息子が見上げると、涙をいっぱい浮かべた良寛さまが、息子をじっと見つめていました。

思わず、息子の馬之助は、敷居に両手をついて涙ながらに良寛さまに頭を下げていました。「申し訳ない、おじさん」と、詫びた息子は、ふっつりと道楽を止めました。

このことが評判となりました。ある老人が良寛さまを訪ねて言いました。

「良寛さま、あなたは高徳なお方じゃ。なんと一言も意見しないで、たった一しずくの涙で、道楽息子を改心させたのだそうな」

すると、良寛さまはびっくりして、言いました。

「それはうそじゃ、涙はわしのために流した涙じゃ」

「弟から頼まれて、いろいろ考えた。しかし、わしも若いときに、さんざん道楽したことを思い出して、それが恥ずかしくて意見できない。しかし、帰るときになんとか一言意見して帰りたかった。そこで、息子を呼んで草鞋の紐を結んでもらいながら意見しようと思ったが、なんと言う醜い己の心よ、我の強さよと、急に悲しく恥ずかしくなって、思わず泣いてしまったのだ」

延々と人としての道を説いて、蛭牙公子を改心させた亀毛先生とは対照的に、良寛さまは何も言わずに涙の一滴で甥の心を変えたのです。良寛さまの説話は、西洋の合理的な発想では理解できないことです。儒教を奉じる人たちの理解も難しいでしょう。

なぜでしょう。その謎が、『三教指帰』で、これから段々に解明されていくのです。

自然と生命の調和を説く道教

●道教の虚亡隠士、登場

『三教指帰』の上巻で、蛭牙公子は亀毛先生の説く儒教の教えに感動して、心を入れかえることを誓いました。

ところが、いつのまにかこの説教を後ろで聞いていた謎の人物が進み出て、異議を唱えたのです。

「虚亡隠士(きょぼういんし)というものあり」

お大師さまの筆が語ります。「きょぶいんし」とも読みます。虚しい、亡くなる、隠れる士ですから、その名が表しているのは全て陰を意味しています。立身出世の成功者とは正反対の姿です。まるで、物陰で暮らしていたように、襤褸(ぼろ)をまとい髪はボウボウ、馬鹿のように見せかけ、狂気であるかのようなふりをしている人物です。

「光を和らげ狂を示す」と、お大師さまは表現しています。「光を和らげ」とは『老子』に在る「和光同塵」に基づく言葉で、徳を持っているが外には出さないことを表しているのです。

この謎の人物が、えらそうにあぐらをかいて微笑んで口を開きました。

「ああ、おかしなことだ、あなたが人に教えることは。はじめにあなたは高価な毛皮の衣を見て龍や虎に対する勢いであったが、後には小蛇を見て小鼠に向かうようである」

最初は威勢がよかったが、最後はみすぼらしいなあ、というわけです。

そして、「自分が重い病気に罹っているのに治療もせず、他人の脚が腫れていると言っている。そんな病人は他人を治療しない方がよい」と言うのです。

外見からは想像もつかない鋭い指摘です。世俗の成功ばかりを説いていては、大事な点を見落としてしまうというのです。

亀毛先生は、びっくりして振り返り、すぐに虚亡隠士に向かって申します。

「先生にもし別のお説がおありでしたら、どうぞ教えてください。私は、兎角公の仰せで仕方なく、あわてて言ったのですから」

滔滔と持論を述べていたはずの亀毛先生の言葉は、なんだか拍子抜けします。謙遜といえばきれい事ですが、信念がない態度には、兎角公はじめ居合わせた人々も驚いたのではないでしょうか。

「頼まれたから、仕方なく」という言葉は、現代社会でもしばしば聞かれる責任逃れのようではありませんか。

そこで、隠士が答えます。

「道教の天帝の秘術を凡人にみだりに説くことはできない」

ここで、道教の教えを説いた『抱朴子（ほうぼくし）』からとった、お大師さまの有名な言葉が登場します。

「短きつるべの水を汲む、疑いを井の涸れたるに懐（いだ）き、小さき指の潮を測る、猶（なお）底の極まれるかと思えり」

井戸の水を汲んでいて、つるべに水が入っていないので、井戸が涸れたと思ってしまう。そうではない、つるべの縄が短くて井戸に届いていないことがわかっていない。あるいは、自分の小さな指を海水に入れてみたら、すぐ底に届いた。おぉ、海の底に達したと思ってしまう。

どちらの比喩も、自分の思い込みで判断してしまう、狭い考えの人たちのことを言っています。そのような人たちに、天の帝が説く道教の秘術を教えられない、というのです。

このような秘術は、地下に隠しておいて、機会を見て、人を選んで伝えるものなのだと隠士は言いました。

●教えはみだりに公開せず

道教は、二世紀頃に中国で起こった教えですが、仏教の教えにも影響されています。密教的な呪術を多く取り入れていますが、こうした秘術は、古代インドを中心として古くから伝えられたものでありましょう。密教の秘術をマスターすれば、超能力は得られますが、だからこそ誰にでも教えてよいものではない、とされていたのです。

『西遊記』の人気者として知られる孫悟空は、道教の秘術の達人でした。石から生まれた孫悟空は天界で大暴れをして、とうとうお釈迦さまによって五行山の岩の隙間に閉じ込められてしまいました。五百年を経て、観音様は戒めを解きます。天竺に経典を求めて苦難の旅を志した三蔵法師の護衛を兼ねた弟子として、再生のチャンスを与えたのです。孫悟空は、見事に試練を乗り越えて、真の秘術を使う立派な存在になります。

密教の「密」とは、教えをみだりに公開せず、人物を選んで伝えることを表してもいます。お大師さまは、この『三教指帰』を著した若き日に、教えの本質を読み取って、短い文章にこれを書いていたのです。

ちなみに、古代人は人間が得た「技」を使うための戒めを知っていました。「技」ばかりを追究すれば、それは人類の破滅につながる危険をはらんでいることを知っていたのです。宗教家だけではありません。古代ギリシャの医師、ヒポクラテスは神々に誓いを立てました。現在も医師になるために誓うのは、真理がこのなかにあるからです。

「この術を私に教えた人をわが親のごとく敬い、わが財を分かって、その必要あるとき助ける。その子孫を私自身の兄弟のごとくみて、彼らが学ぶことを欲すれば報酬なしにこの術を教える。そして書きものや講義その他あらゆる方法で私の持つ医術の知識をわが息子、わが師の息子、また医の規則にもとづき約束と誓いで結ばれている弟子どもに分かち与え、それ以外の誰にも与えない」とするヒポクラテスの誓いは、みだりに秘術を広めないという誓いでもあります。

「私は能力と判断の限り患者に利益すると思う養生法をとり、悪くて有害と知る方法を決してとらない。

頼まれても死に導くような薬を与えない。それを覚らせることもしない。同様に、婦人を流産に導く道具を与えない。

純粋と神聖をもってわが生涯を貫き、わが術を行う。

いかなる患家を訪れるときも、それはただ病者を利益するためである」

など、医術の純粋性をうたっています。

●社会から離れ自然の流れに己を合わせて生きようとする道教の教え

さて、『三教指帰』に戻りましょう。

兎角公も蛭牙公子も亀毛先生とともに、隠士に教えをぜひ、と願います。

そこで、隠士は、「壇を築いて誓約すれば少し教えよう」と、承諾したのです。「壇を築いて誓約する」ということは、祭壇を設けて牲(いけにえ)にした家畜の血をすって誓いをたてることをいいます。

道教について、少しお話をしておきましょう。道教は、タオと呼ばれて中国で発達した教えです。仙人を目指す教えだといえばわかりやすいでしょうか。

社会の中で立派に生きることを目指す儒教の教えに対して、道教は社会から離れ、その価値観を否定して生きようとする教えと言えましょう。自然の流れに己を合わせて生きようとする教えであります。

じつは、儒教も古来からのさまざまな呪術を教えていないわけではありません。儒教の経典は四書五経といいますが、五経の筆頭に挙げられているのは『易経』であります。紀元前二世紀から清朝にいたるまで、四書五経は研究されてきました。『易経』は、宇宙の原理についての教えといえましょう。本文と解説から成り立っていますが、この解説にあたる「伝」の部分を作り上げたのが孔子だと伝えられています。自分の力ではどうしようもない「天命」を知るための「易」について、孔子は「五十になってから学ぶべき」だと言っています。そしてまた、『論語』のなかで、次のようにも教えています。

「鬼神を敬してこれを遠ざく、知というべし」と。呪術は敬うけれど、遠ざけて生きることが「知」を知ることだと教えているのです。釈迦も孔子も神秘主義を避けて、合理的な教えを広めようとしました。それは超能力を安易に使う危険を熟知していたのでありましょう。道教もまた、その危険を承知して術は秘伝としたのです。

呪術は、みだりに使うものではありませんで、まずは自分の考えや力を使うことが生きる基本であります。その使い方について、古来、さまざまな信仰や哲学が生まれました。

しかし、呪術を否定し、「見えないものの力」の存在を否定すれば、私たちは我執にとらわれて、かえって闇に迷います。あるいは呪術を盲信すれば、この世を生きる光を見失って、これも迷いの道に入る危険をはらんでいるのです。

ともかく、虚亡隠士が説く「天帝」の教えとは、自然の動きに目を向けようとするものであリました。

●人間社会だけの利益を考えるのではなくもっと大きなルールを考える

生命を動かす原動力は、自然との響き合いです。

人間は、独りぼっちで生きているのではありません。社会の中で生きています。社会との調和が大事です。しかし、それだけでは人間だけのことを考えて、大きな自然との調和が欠けてしまいます。

現代の日本、世界の状態を見ていますと、まずは社会との調和を忘れていた感があります。調和を忘れた個人主義の行き着くところが家族崩壊であります。しばらく前から、プライバシーの厚い壁に阻まれて見えなくなっていた家族の中で、弱い存在の老人や子供の虐待が進行していました。そればかりではありません。親が死んでも弔わずに放置していた息子や娘の、なんと多いことでしょうか。私はその現実に慄然としました。

家族崩壊は、地域崩壊でもあります。かつて、「村八分」という共同体の掟がありました。封建時代の掟が正しいかどうかは別として、少なくとも共同体の助け合いがありました。たとえ掟を破って疎外されていても、冠婚葬祭の「二分」だけは、この「罰」を除外するほど、家族の死を弔うことは重要視されていたのです。

社会を機能させることが、まずは再生の第一歩でしょうか。しかし、それだけでは、自然との調和にしわ寄せが行くことは、現代の地球環境の悪化を見れば、よくわかります。

道教が説く自然と生命との調和は、人間社会だけの利益を考えるのではなく、もっと大きなルールを考えて行動することが大事なのです。失われているのは「自然との交流」です。

お大師さまは、エリートコースである大学を飛び出し、山野で修行を始められたとき、この自然と生命との響きあいを知ったのだと思います。

儒教は、いわば大学での教えの土台であります。勉学に励んで立身出世をして、富と地位とを得ることを目指します。それはそれで、社会に貢献する人物を作るのですから、悪い事ではありません。しかし、なにか大きなものが欠けていると、お大師さまは感じ取って別の道を選んだのでした。それだけでは生命が満たされない、いつか虚しくなる日がやってくると、お大師さまは予見したのでした。

「一人の沙門」と出会ったことで、お大師さまは真言と出会いました。じつは、この頃の日本に入っていたのは、密教の一部がバラバラに入ってきていたものでした。雑密とも呼ばれるそれらの教えは、密教を多く取り入れている道教ともつながっていたと思います。古代人は、私たちの生命が何から出来ているのか、本当のところを理解していたのだと思います。

生命は、宇宙から彗星が運んできた「塵」から誕生したという説が唱えられたのは、つい最近のことです。神様が粘土のように人間を創ったのかどうか、わかりませんが、宇宙に存在する火や水が集まってできたものだという、密教の説はとても現代的です。

「六大は無碍にして常に瑜伽なり」

『即身成仏義』にうたう、お大師さまのこの言葉は、有名です。それは、この一言だけで、生命の本質を表しているからです。

「無碍」とは、隔ての無いこと。「瑜伽」は「とけあうこと」です。

生命の世界は切り離すことができない状態で、存在しているのであって、一つ一つを取り出して別々に語ることはできないものだという教えです。

それは、人間の身体のことでもあり、あるいは地球という星でともに結ばれ合って生きている、生命のネットワークを物語っている言葉でもあります。

六大は融通無碍に、変化しながら、宇宙は息づいているのです。動くところに、リズムが生まれます。六大の調和がとれているときは、リズムも調和しています。リズムが狂っていると、宇宙がゆがみます。

ヨーロッパでは自然と闘い、これを征服するという発想があります。しかし、東洋では自然はこれと調和しながら生きていくものだという考えが根底にあります。敵対するのではなく、調和の道を探していくのです。

●道教が求めた不老長寿の秘術、錬金術

私は、中国・西安の大興善寺を訪問したときの挨拶で、聖徳太子のお言葉「和を以て貴しと為す」を贈りました。日中は歴史などをめぐって、いまだ溝がありますが、一つ一つ、検証すべきところは検証し、争わず、互いに「和」を図っていくことが、大切なことを説きました。未来に向かって心を合わせることが大事であると、中国の僧侶たちもよく理解してくれました。

私たちの生命を作っている六つの要素「地・水・火・風・空・識」の最初にあげられるのが「地」です。「地大」とも言います。

そして、地を表す真言は「阿」、万物の根源である「阿字」と呼ぶ言葉です。

思えば、近代文明は人々から自然を奪い、故郷を捨てさせました。

古代人は、この大地の上にドーム状の天空があると信じていました。太陽も星もみな、地球という「大地」を廻っていると思っていたのです。古代人が編み出した占星術は、こうした考えを土台にしています。

お大師さまは、虚亡隠士に『抱朴子(ほうぼくし)』についての言葉をしばしば語らせています。これは道教の教えを説いているものですが、じつは錬金術のバイブルともされている書です。

道教は、自然のままに生きる道を教えていると思われますが、そのなかにはさまざまな古代の知識が集められています。錬金術は、鉱物を金に変えようとするものですが、東洋と西洋ではその内容がずいぶん違っているとされます。

西洋で金といえば、財宝であり、資産であり、通貨であります。錬金術はそのような財宝を生み出す術だと、とらえます。しかし、中国で金といえば、不滅のものであり、不老長寿をもたらすものでありました。

道教、仙人が求めたものは不老長寿ですから、錬金術はその秘術であったのです。金を作るために欠かせないのが「丹」つまり水銀でした。

さきほどお話しました『西遊記』と孫悟空について、鍛冶師つまりは製鉄の集団と深いかかわりがあったという説もあります。仏教は、古代の先端技術集団との絆をもって、世界に広がったのかもしれません。

真言密教の聖地である、高野山に神社があるのはなぜですか、と聞かれることがよくあります。

私は神仏混合の名残濃い鹿児島の出身ですし、代々修験行者の家で生まれましたから、お大師さまが開いた高野山に神社があることに、違和感を覚えたことは一度もありませんでした。

しかし、いまから百三十年あまり前に、日本を近代国家へと生まれ変わらせた明治維新は、仏教受難の側面を創り出しました。

それまでは、お寺と神社とが一体となってそれぞれの土地を守っていたのが、神道を国家の宗教とすることによって、仏教の寺を廃したのです。あるいは、寺と神社とを分けるようになりました。その廃仏毀釈の影響で、いまでは神社とお寺はまったく別のものだと考える人が多いのです。

●「山に遊びて仙を慕う」

ともかく、高野山の神社といえば、地主神を祭る丹生都比売(にうつひめ)神社です。お大師さまが、深山に修行場を作ろうと決意し、紀伊の国の海辺から山を目指そうと歩いていました。生まれ故郷の四国を隈なく歩いてはみましたが、ここだ、と思う場所に巡りあうことができません。紀州もまた、若き日に修行のために歩いた山々です。

「たしか、あの峰の奥に平らな地があった」と思い出し、そこへもう一度行ってみたいと、お大師さまは思ったのです。

山に分け入ると、白と黒との二匹の犬を連れた猟師が、お大師さまの後になり先になり、歩いていました。たくましい体格ながら、どこか優しさを秘め、品格を備えている猟師が、お大師さまに尋ねました。

「霊山を探し求めておられるのか」

その通りだと答えたお大師さまに、猟師は「南山の犬飼」と呼ばれている者だと名乗りました。そして、白雲たなびく峰を指して、「あの高野の原が探している土地であろう」と教え、二匹の犬を案内役として貸してくれました。

峰の麓に着いたところで、日はとっぷり暮れ、あばら家に灯りがともっているのを頼りに、一夜の宿を頼みました。そこには、年老いた男が独りで住んでいたのです。

翌朝、山道を案内してくれた老人は、頂に近い平原に出ると、本名を名乗ります。

「我は、この山を預かる高野明神である」

それは、イザナギ尊の子である丹生都比売命の長子でした。そして、自分の土地をお大師さまのために使うようにと勧めたのです。

この伝承の背景に、高野山一帯を支配する丹生一族が、お大師さまが修行場を創ることを支援して、土地を寄進したであろうことが読み取れます。

お大師さまは、ようやく伽藍建立の地が見つかったので、朝廷にその許可を求めます。

高野山は、標高一千メートル前後の山々に囲まれた平坦な土地に、現代では諸堂が立ち並んでいます。蓮の花が開いた内八葉外八葉の、聖地としてふさわしい、山上の宗教都市として千二百年の時を刻んできました。

「空海少年の日、好んで山水を渉覧(しょうらん)せしに吉野より南に行くこと一日にして、更に西に向かって去ること両日程、平原の幽地あり。名づけて高野(たかの)という。

計りみるに紀伊の国、伊都の郡の南に当る。
四面高嶺にして人蹤蹊絶えたり、今思わく、上は国家の奉為にして、下はもろもろの修行者の為に荒藪を芟り夷げて、聊かに修禅の一院を建立せん」

お大師さまの文章です。西暦八一六年六月、お大師さまがときの嵯峨天皇に高野山を賜りたいと願う文を書いたものです。お大師さまが、どれほど自然を愛しておられたのか、私はいつもこの文章に思いを馳せます。

ここに建立された総本山金剛峯寺は、お大師さまが「金剛峯楼閣一切瑜伽瑜祇経」の一節から、「この山は永遠に守り続けなければならない最上最尊の峯」という意味をこめて名をつけました。

真言という仏さまの言葉を尊ぶ教えは、まさに峰峰に木霊する霊気によって宇宙に響くのです。

「高山は風起り易く
深海は水量り難し
空際は人の察する無く
法身のみ独り能く詳らかなり」

お大師さまの『遍照発揮性霊集　巻一』の巻頭を飾る「山に遊びて仙を慕う」の詩の冒頭の一節です。

きびしい自然のなかで瞑想し、学び、実践することによって、山川草木悉皆仏性、あらゆる生命が仏性であることを実感していくのです。

●お大師さまと鉄のご縁

私は真言行者として、自然から多くの仏さまの教えをいただきました。永遠の生命が、我が身にしっかりと受け継がれている神秘を感応するのです。

その高野の自然の陰に隠れて、「丹生都比売」をめぐる物語があります。この女神は「丹生津比売」とも書きます。

最近では、丹生が水銀とかかわりの深い名前であることから、高野山ひいてはお大師さまと水銀との関係を研究する文献がいくつも一般書として世に出ています。

お大師さまは、中国に留学している間に、シルクロードを伝わってくるインドや西洋の科学に触れ、また中国に古くから伝わるタオの知識を探求して日本に持ち帰っています。

鉱山学は、その大きなものでした。

ただ、お大師さまが持って帰られた知識は、文字として残っているわけではありません。現代にいたって、ようやくお大師さまの科学者としての一面に光を当ててみる研究が始まったというべきでしょう。

お大師さまは、承和二年三月二十一日に高野山で入滅されました。西暦の八三五年にあたります。亡くなった、とは申しません。お大師さまは、いまも奥の院で生きておられるというのが、わが真言密教の教えです。

現代にあって、それはお伽噺にすぎないと思うでしょうが、私はそこからお大師さまが生命力を発し続けて、私たちを助けて下さっていると信じています。

それが高野山という霊山の根本です。教えが、かくも永きにわたって守り伝えられ、数多の人々を救い、癒す力を持ってきたのは、ひとえに高野山におわして、おおいなる力をあまねく発しておられる、お大師さまのご利益なのです。

さて、この世の寿命を悟って、十か月あまり前に弟子たちを集め、遺言を残されたお大師さまは、そのしばらく前から五穀を断ち、承和二年正月からは飲み物も断ちました。

おそらく水銀から成る薬石を服用していたのではないか、とする在野の研究者が少なくありません。

水銀は、体内から排出されにくく、中毒症状を起す毒ですが、道教では不老長寿の薬ともされます。不老長寿については、次の章でくわしく、お話ししましょう。

鉄とお大師さまを結ぶご縁もあります。東寺の寺宝は五万点にのぼるとされますが、そのなかに「弘法大師行状絵詞」という全十二巻の絵巻があります。

室町時代、お大師さまの生誕六百年を記念して、西暦一三七四年に、東寺が総力をあげて製作を開始したものです。

全部で六十一の物語が描かれていますが、そのなかに稲荷神との出会いがあります。八一六（弘仁七）年のこと、お大師さまは紀州田辺で、一人の老人に出会いました。身の丈は二メートル半もある筋骨たくましい老人です。

「そなたには威徳が具わっている。私を弟子にしてほしい」

そんな会話を交わして別れて七年、東寺の創建に着手したばかりのお大師さまを、この老人が約束通りに訪ねてきました。絵巻には老人が二人の女性と二人の子供を連れ、稲穂を担ってきて、お大師さまからもてなしを受けている様子が描かれています。

この老人は、じつは稲荷神だったのです。

「今、塔幢の材木近く東山に得たり」（『性霊集』巻九）

これは、東寺の五重塔を建設するためにお大師さまが書いた願文です。東山とは、東寺の東にある稲荷山のこと、日本の稲荷社の総本山とされる伏見稲荷大社の神域です。

お大師さまが朝廷に申請した材木運びの人夫は、のべ三千四百三十人にのぼります。塔の建設だけでも、これほどの人を必要としたのですから、東寺の建設がどれほど大掛かりなものであったか、しのばれます。

五重塔は無事に完成、稲荷神社も冠位を授かりました。田辺の老人、つまりは稲荷神が東寺にお大師さまを訪ねてきたのは、稲荷山の神を東寺の鎮守とした由来になるのです。田辺の老人は、東寺の建設を手伝うことになりますが、この言い伝えは、建設に必要な製鉄職人の集団が、お大師さまに協力したことを物語っているという説があります。

お大師さまには、鉱山師としての一面があった、という説につながるものです。古来、修験者は鉱物を求めながら深山で修行を重ねたともされます。雑密として伝わっていたアジア文明の知識が、修験者によって日本にも密かに根付いていたのではないかと、私は考えています。

●お大師さまとシルクロードの関係

さて、稲荷神とは五穀豊穣を司る神様ですが、じつは製鉄集団と深い関わりがあるとされます。

埼玉県で古代の鉄剣が多数出土したのが、稲荷山古墳です。稲荷とは鋳成に通ずるといいます。つまりは、金属の精製です。

お大師さまが田辺で出会ったという老人は稲荷神ですが、二メートル半もの巨体だという言い伝えを考えると、海を渡ってきた製鉄技術集団のリーダーだったのでしょうか。

紀伊半島には、古来黒潮に乗ってたどり着いた海洋民族がいました。あるいは、筑紫つまりは現在の福岡で出会ったという言い伝えもあります。

どちらにしても、この稲荷神はおそらくは朝鮮半島を通ってやってきたと考えられますが、ひょっとするとシルクロードの胡人だったかもしれません。

寺の建設に欠かせないものは、木材だけではありません。カンナや鋸などの工具は、みな鉄製品だったはずです。最新の道具を使うことで、立派な寺が出来るのです。お大師さまは、おそらく製鉄の技術も学んで帰国されたのではないか、技術集団を日本に呼び寄せていたのではないかと、私は想像の翼を広げます。

出会ったという稲荷神は、お大師さまが唐で出会った胡人だったと考えられないでしょうか。異相の巨人という記録が、お大師さまとシルクロードを結びつけるのです。

お大師さまの遠景には、シルクロードがくっきりと描かれています。密教そのものが、当時にあってはシルクロードを通って唐に入ってきた最新の宗教だったのですから、お大師さまは、世界都市にあふれている最先端の知識をごっそりと持ち帰ったのでした。三蔵法師も孫悟空も通ったシルクロードです。それは、アジアとヨーロッパを結ぶ一本の絆でもありました。

タタラは「一つ目」という伝説が各地にあります。日本だけではなく、遠くギリシャ神話にも登場する鍛冶の神は「一つ目」なのです。おそらくは、炉に開けた小さな穴から、何日も休まずに、炎の色を観察するきびしい作業が、目を悪くさせたのでしょうか。

風の具合、火の燃え方、鉄を作るのは、まるで星の生成のようです。古代人には神の仕業としか思えない偶然の賜物から始まったのです。呪文もあるでしょう。祈りの方法もあったことでしょう。それらの「文化」が、密教のなかに伝承されたとしても、不思議ではありません。燃える火から生まれる新たなモノ。火を尊んだ古代の人々の信仰が、そこにつながるのだと思います。

その仏さまのはたらきを司る製鉄集団が、「稲荷神」となりました。日本でのルーツを追っていくと、秦氏という渡来系の集団にいきつくという説があります。伏見稲荷大社は、秦氏によって七一一（和銅四）年二月初午の日に、鎮座したとされています。

密教が生まれたのは南インド、そこにあった「鉄塔」を大切に語り伝えてきました。

人類が鉄を使い始めたのは、紀元前十七世紀のころ、トルコ・シリア地方に登場したヒッタイト帝国からでした。この帝国は、インドに侵入してインダス文明を破壊したアーリア系と同じ民族が建てた国です。

高原からやってきたヒッタイト民族は、鉄と軽戦車を持っていました。当時の武器は青銅器で、鉄よりずっと脆いので、彼らは勝ちつづけて、五百年くらいの間に、現在のトルコに大きな帝国を築きました。

帝国は製鉄の技術を秘匿し、他の国は製法が分からないので、鉄兵器の前に屈服していったのでした。しかし、強大な帝国は海から攻めてきた民族によって滅びます。ヒッタイトは滅びたけれど、そこで見つけられた鉄の作り方が世界に広がっていくのです。

季節風の力を借りて造られた鉄。バラバラの砂が固まり、火で鍛えられて鋼に変化していくのです。その祈りの呪文が、インドに渡り、真言となったと考えるのは、不自然なことではないでしょう。神への祈りがなければ、自然に助けてもらわなければ、製鉄という神秘で困難な作業は成功しないと、かれら職人たちは信じていたはずです。火に祈る。それは、いま、私が日々続けている護摩行のルーツなのかもしれません。

しかし、そうして完成させた鉄は、必ずしもよい結果だけを生むわけではありません。武器となって、敵を倒します。悲しみが生まれる道具でもありました。

大きな力を得るための道具を作る技術は、使い方を間違えれば我が身をも滅ぼす凶器となることを、古代人は知っていたのです。

虚亡隠士が語った「天帝の秘術」を伝えるための戒律は、古代人の究極の智慧でありました。道具を作り出して力を得て、その力がどのように人類を幸せにし、あるいは破滅させてきたのか、石を道具とし、鉄を作り出した古代の人々が、後世に伝える「戦争と平和のメッセージ」でもあると、私は心に深く刻みながら、お大師さまの教えをわが戒めとしています。

第六章
心身ともに俗世を離れて仙人になることを教える

●古代、長生きは人間の夢

人間は古代からいつも「不老長寿」を願っていました。いつまでも、若々しく長生きしたいのです。

しかし、最近の日本は「無縁社会」と呼ばれる悲しい現象が横行しています。

老人への虐待が横行し、その多くは息子によるものだという政府のデータがあります。あるいは、親の年金で暮らしていたので、息子あるいは娘が親の死を隠すために、葬式も行わずに家の中に置いたままにしたケースが、いくつも出てきました。

江戸時代、「姥捨て」という風習がある地方がありました。老いた親を山に捨ててくるのです。昭和の戦後に深沢七郎さんが姥捨てをテーマにした『楢山節考』を書いて、映画にもなりましたので、すっかり有名になりました。

日本だけではありません。高度な福祉制度を作っているスウェーデンでも、その出発点には老人たちを捨てる風習があったといいます。岩山が多く貧しい国だったスウェーデンでは、老いた親を岩山から落としたというのです。その悲しい歴史から、老人たちが快適に暮らせる制度が作られたのでした。

みな、我が親を泣く泣く捨てたり殺したりしなければ、自分が生きていけないきびしい現実がありました。飢餓の恐怖と闘いながら、親捨てや子殺しをせざるを得なかったというのが、人類生存の悲しい道だったのです。

ところがどうでしょうか。現代の日本では餓死の不安はほとんどありません。食料は十分あります。それにもかかわらず、親子の絆が危機に瀕しているのです。

介護制度がなんとか機能しています。国民皆年金によって、たとえわずかでも、ほとんどの人が死ぬまで年金を受け取ることができます。しかし、そこが落とし穴になりました。

親を介護するために、働き盛りの息子や娘が仕事をやめて介護します。収入は、親のわずかな年金だけです。とても、ゆとりはありません。親が亡くなると、子供は収入が途絶えてしまいます。そこで、老いた親が死んでしまうと、これを隠そうとして、葬儀もしないで放置してしまうのです。

あるいは、親が何年も前に家出し、行方も生死も不明なのに、そのまま同居しているかのように届け出ていたケースも少なくありません。年金を受け取っていない、つまりはおカネ目当てではなく、親の不在をそのままにしていた人もいますが、役所も確認しなかったりして、親が同居していることになっていたのです。長寿日本の基本姿勢が問われています。

なにより、親がいなくなっているのに、子供が必死で探そうとしないことに、私は驚いています。都会のホームレスのなかには、そうして肉親との連絡を断ったまま亡くなる老人が少なくないそうです。

元気な百歳を越えたお年寄りたちがテレビで紹介される陰で、誰にも看取られず無縁仏になってしまう老人たちが増えていることを、私はなんとかしたいと思っています。

いつから、人間は長生きをつらいことだと思うようになってきたのでしょうか。親子の絆が危機的状況だといわれるのは、戦後になってから顕著になったように思います。西欧の個人主義を中途半端に取り入れた結果として、日本では介護と家族の関係をしっかり見据えた制度作りをしてこなかったのです。

スウェーデンでは、子供が介護に関わる想定は最初からありません。一人一人がそれぞれに介護を受けることができる制度を作ったのです。親子の情愛は、制度とは関係なく、それぞれが育てるものとしています。

介護体制を見直すことは、戦後日本がなおざりにしてきた心の大切さを見直すことであり、もう一つはそのような「落とし穴」を作らない制度の再構築であります。日本が背負った課題です。

現代は、このように長寿といっても、長生きは必ずしも幸せと同じ意味ではなくなっていることが、私には気になります。

しかし、古代では、長生きは人間の夢でありました。

●教えを正しく実行するものだけが長生きの秘法を手に入れる

さて、『三教指帰』の中巻です。

突然に名乗り出た道教の隠士の言葉に、一同は感動して、ぜひ教えを請いたいと頼みます。願いをきいて、一同が壇に上って誓いを立て、生贄をささげたのを見届けた隠士は、口を開いて言いました。

「よろしい。あなた方はよく聴きなさい。これから、不死の神仙の術を授け、長生きの秘密の方法を説いてきかせよう」

かげろうのように儚い命が、鶴や亀のように長生きして、ロバのように遅い足を、翼のある龍のように速く走れるようにしてあげようと、虚亡隠士は言うのです。

そして、その方法は、世の中で出世するとかしないとかで、差別されるわけではなく、きちんと教えを実行した者に、正しく伝わるとも説いたのです。

そうは言っても、不老長寿の秘法を手に入れるために、秦の始皇帝は船団を組んで海外に知識を求めるほどでありました。その一団が目指したのが日本だという説もあります。

しかし、隠士は身分によって不老長寿の夢が叶うのではなく、教えを正しく実行するものだけが、長生きの秘法を手に入れることができると、はっきり言いました。

アンチ・エージングという言葉が、現代の日本ではすっかり定着しました。「若返り」といえば、誰にでも通用しますが、カタカナを使うところに流行を感じます。

内容はさまざまです。かつて、王侯貴族だけにゆるされた秘術の数々が、現代の日本では誰でも使うことができます。道教の隠士たちが命がけで修行して得た知識を、現代人は易々と手に入れているのです。

しかし、虚亡隠士がここでまず説いているのは、不老長寿を求める「心」です。

この教えこそ、現代日本にも通じます。

「心行(しんこう)、相違して徒(いたずら)に費労を深くす」

どれほど不老長寿を願っても、その行為が生命の法則と違っていたのでは、つまり「心と行為」が違うのでは、徒労を重ねるばかりで、馬鹿げたことだと指摘します。

たとえば、秦の始皇帝や漢の武帝は、仙人の術を得たいと内心で願っていながら、うわべの生活は世間一般と変わらない。楽器がやかましく鳴るから聴覚が鈍る。錦や刺繍の贅沢な衣裳で目がくらむ。美女を片時も離さないし、新鮮な魚や生きた獣を僅かな食事にも欠かさない。動物の死骸を積み上げて見物し、川のように血を流すようなことをする。このような残忍なことは、くわしく述べられないほど多い。

これでは、少しの水を流しても大きな穴から漏れるようなもので、心と行為が違っては、不老長寿は得られないと、きびしい言葉で戒めます。

●響きによって導かれてきた人類

現代社会も、まったく同じことが繰り返されています。街には電子音や自動車や宣伝カーの騒音が溢れており、ヘッドフォンで耳をふさいで騒々しい音楽を聴く人もいます。これでは、聴覚は衰える一方です。そのために、本来持っている聴く力を失って、長生きできない要因を作っているのです。

人類は、古くから響きによって導かれてきました。響きを忘れてしまったとき、人類の叡智は鈍り、破滅に向かって転げ落ちていくのです。

音を響かせるのは、風です。かすかな息をはく気配にさえ、風気が動いて響きとなり、これを名付けて「声」というのだ、とお大師さまは教えます。

「内外の風気、わずかに発すれば必ず響く名づけて声といふなり。
響きは必ず声に由る。
声はすなはち響きの本なり。
声発って虚しからず。
必ず物の名を表するを号して字といふなり。
名はかならず体を招く、
これを実相と名づく。
声と字と実相の三種、区に分かれたるを義と名づく」

これは、『声字実相義』の一節です。

動くことが生命のはたらき、風は生命の姿を私たちに伝えてくれる、天空からの使者なのです。息をする。吐いて吸うことの繰り返し、それが生命の動きですが、ここに響きがあり、これを「声」というのだとお大師さまは教えます。

音を聞き分けることによって、人類は智慧を授かり、危険を知ってこれを回避し、あるいは人の心を信じることを知りました。音には、仏さまから伝わる情報である「文字」が込められています。

風の音を聞き、地に鳴る音を感じ、水音によって流れの方向を知り、火の音が幸いをもたらすものか厄災の元なのかを判じます。音を聞き分ければ、宇宙の広がりと時間の長短を知ることができます。音は、生命力のもとなのです。

岩清水や雨垂れの音、松籟(しょうらい)や波の音は、聞いているだけで心が癒されます。いつかどこかで聞いた、母なる宇宙の響きだからでしょう。

気づかない人工音に囲まれている、思いがけない場所があることを知って、私は衝撃を受けました。これは、もっと考えていかねばならない問題であります。

それは病院です。なかでも重態の病人がいる集中治療室にいたっては、ピッピッピッと鳴る心臓のモニター音や、身体につけられた器具によって病状の異常を知らせるアラームの音が耳障りに響きます。患者さんの体内に何本もの管を差し込んで治療する、「スパゲッティ症候群」といわれるような、最先端の電子機器に頼る現代医療の矛盾が、病院の電子音にあらわれているということでしょう。

医療とは、つきつめていけば、人間がもっている自然治癒力を助けるためのものです。医療が生命の復元力をさまたげる行為をしてはならないと私は信じています。癒しをもっとも必要としている患者さんたちが、生命のメッセージを聞き取れない状況に置かれてしまうのが、現代医療の問題点です。

そんな人工音を除いてみると、自然の音は、私たちの周りに無数にあるのです。無数の音が響きあって、私たちの「世」を形成しているのです。

●きらびやかな衣装をまとう暮らしは、心の目を閉じさせる

不老長寿のお話を続けましょう。

まばゆいばかりの衣裳は目に良くない。隠士はそう説きます。当時のきらびやかな衣裳でさえ目に悪いのですから、現代の不夜城のようなネオンサイン、ピカピカに飾り立てた衣裳が目によいはずはありません。

騒々しい雑音が響きという仏さまからのメッセージを遮断してしまうように、目がくらむばかりの人工の光もまた、目に悪いだけでなく、仏さまからのメッセージをさえぎって

いるのです。ここでいう目とは、心眼です。心の目を開くことができなければ、闇にさまようばかりの人生になります。きらびやかな衣裳を身にまとう贅沢な暮らしは、かえって心の目を閉じさせてしまうのです。

現代社会の欠陥が、ここに象徴的に現れています。現代日本人の心がさまよってしまうのは、見えず、聴こえない世界を迷っているのであります。

それではいくら寿命が延びても、満たされた生き方をしているとは言えません。心を開いて自然とともに生きることが、健康な長寿につながるのだという隠士の教えは、いまに通用するものです。

道教とは、もともと自然と一体になって生きることを目指している教えです。お大師さまは、社会で身を律して生きるルールである儒教も、自然とともに生きる道教も否定されずに、これを包み込むようにして、大日如来の教えを説きます。

この『三教指帰』は、お大師さまがまだ中国に渡るはるか以前、さらなる修行のために姿を消す前に著わしたものです。それは、お大師さまが、若くしてすでに密教の教えの真髄をとらえていたことにほかなりません。後の著作でも、お大師さまは自然を愛し、生命の真理を自然から得て説いている教えが多々あります。

後年、お大師さまは日本で初めて、庶民の子弟をも入学させる学校「綜芸種智院」を創設しますが、そこでは全人格を磨くための教育を施そうとします。儒教・道教そして仏教を教え、芸能に親しむことが大事だと説いているのです。

密教というものが、本来はアジア文明の集大成といわれるほど、多様な教えを包み込んでいますが、それでも密教だけを学ぶのではなく、その前に「教養課程」を学んで、生命への理解を深める人間を育てようとされたのでした。

私は現代の教育に必要なものが、この「全人教育」であると信じています。風のささやきに耳を澄ませ、見えないものを感じ取る。そのようなトレーニングを、子供の頃から教えて育てたいと願うのです。

●水には生命を再生する不思議な力が宿っている

風とともに、「水」も忘れてはならない生命の素であります。

風が生命の宅配便であるなら、水もまた生命を地球の隅々まで届ける郵便配達です。土に蓄えられた天水は、湧き水となって谷川を下ります。山の土にたっぷり含まれた養分を伴って、水は海へと旅をします。

上流の森が豊かであれば、川が注ぎ込む海はプランクトンの宝庫となって、魚を呼び寄せるのです。

プランクトンを餌にする小魚は、大きな魚に食べられて、その大きな魚をもっと大きな魚が食べる。それが海の食物(しょくもつ)連鎖です。弱肉強食ということもできましょうが、生命の連鎖でもあります。

風が運んできた生命の種を、海が抱いて育てるのです。水には、その力があります。

密教では、水を宇宙生命の一環として考えており、水には、生命を再生させる不思議な力が宿っているとします。

これは、古代インドにおいて、遠い遠い昔から信じられてきたことでもあります。いまでも、インドのガンジス河では多くの人が沐浴し、河畔で亡くなった人を火葬して灰を河に流すという、生と死の様相が日々見られます。これも偉大な河の流れに込められた不思議な力を信じているための風習です。

じつは、このように水の生命力を信じたのは、インドだけでなく、古代ギリシャでもまた同じように考えられました。アリストテレスも、水が万物の基本だとしています。

古代のインダス文明が水道を備えた都市であったことは驚異ですが、水が人間の健康を守ることを知っていたにちがいありません。

水道といえば、なんといってもローマ帝国です。征服したヨーロッパ各地で水道設備を整え、フランスのリヨンにある水道橋はいまも使われているとか。日本では下水道が完備するのは、つい最近のことで、いまだに地方に行きますと設備のないところもあるはずです。しかし、下水道の完備はやはり快適な生活の基盤です。

このように長い長い間、人間の生命を育て守ってきた水ですが、近年はさまざまな汚染が深刻になっています。

熱帯雨林を伐採すれば、浅い表土は雨に流されて不毛の大地が剥き出しになることも知らず、有機水銀をタレ流せばこれを飲み込んだ魚によって中毒が生じることも考えず、生活排水を湖に注ぎ、タンカーは石油を流し、戦争がこれに拍車をかけました。共生の生態系を無視して海底で核実験もしてきたのです。

水に対する直接の「攻撃」だけでなく、フロンを乱用したあげくにオゾン層に穴をあけて地球を温暖化に導き、海洋の氷を溶かして水面を高めてもいます。

地球は水の惑星、ではなく海水の惑星だともいわれます。地球の表面の三分の二は海水で覆われていますが、人間が暮らしを頼る河川水は地球にある水のわずか〇・〇〇〇一％

にすぎないのです。しかも、サハラ砂漠は南に向かって一年に一三キロのスピードで拡大して、毎年砂漠化で失われる農地や牧草地は五百～七百万ヘクタールに達するという数字もあります。

初期の密教経典では、攘災（じょうさい）・治病・延命・罪障消滅・後世安楽・請雨・止雨などという、日常生活のあらゆる願いを達成するために、水が持つ呪力を信じた儀礼が説かれています。

そして、密教の大切な儀式に、灌頂があります。師に出会い、御仏の弟子として入門するための儀式ですが、このとき水が大事な役割を果たします。これは、宗教的な蘇りの意味を持つ儀式なのです。

ご本尊に水を供えるときに唱える閼伽の真言は、水は「虚空と等しきもので、また等しからざるものよ」と呼びかけています。閼伽とは梵語の音を写しとったもので、奔流、水の意味を持ちます。水は虚空と同じく無限の力を持つものであり、またそれ以上の存在であると信じられてきたのでした。

水が、なぜ宇宙生命の一環と考えられるかといえば、まずもってこの「生育力」の不思議にあると思います。植物も水があって育ちます。私たち人間も動物も等しく水によって生き、育っていくのです。

密教では灌頂のほかにもさまざまな儀礼にあたって、早朝に後夜の水を、特定の井戸から汲む儀式が行われます。

先年他界した私の母親は、戦時中も休まずに、毎朝四時の清浄な時間に、寺に面した海岸から海水を汲んで、一日の行の始めとしていました。大海原からくみ上げる尊い水の生命力をいただいていたのでした。

水の音は本来、故郷の音、母の音、生命の音なのです。せせらぎも波の音も海鳴りも、清らかな水であるほど、元気いっぱいの生命力を宇宙の彼方から届けてくれるのです。

●仙人になるための術

不老長寿は、このように自然のなかで正しい生活をすることが大前提だと、隠士は説きました。

それから、おもむろに秘薬について教えます。

仙人の薬であります。

「白朮、黄精、松脂、穀実の類は内の病を除き、蓬の矢、葦の戟、神符、呪禁の族は、外の難を防ぐ」

ここに出てくるのは、神符、呪禁を除いてはみな植物系の仙薬の素材です。さらに、続けます。

「呼吸時を候ち、
緩急節に随う。
天門を扣いて
醴泉を飲み、
地府を掘って
玉石を服す」

呼吸は夜半より日中までとし、季節に応じて調整する。天門にあたる鼻孔を叩いて、唾を飲んで身を潤す。地中より玉石を掘り出して、仙薬として飲む。

このように、お大師さまは仙人になるための「術」を述べています。

そして、「丹」について語ります。

「白金、黄金は乾坤の至精、神丹・練丹は薬中の霊物なり。
服餌するに方有り、

合造（がっそう）するに術有り。
一家成ることを得つれば、
門を合って空を凌（こぞ）ぐ。
一銖纔（いっしゅわず）かに服すれば、白日に漢に昇る。
其の余の符を呑み、
気を餌（くら）うの術、
地を縮（つづ）体を変ずるの奇、
推すに広し。
勝（あ）げて計（かぞ）う可からず」

ここで白金といっているのは、銀だと解釈されています。金銀は天地の真髄。そして、道教の薬である神丹、練丹は仙人となって霊性を得るもの。しかし、服用するには方法があり、調合するには秘術がある。

一人がこれに成功すれば、その一族はみな天に昇る。わずかな薬を服用するだけで、昼間でも天に昇る。そのほかの神符をのみ、生気を食う術とか、遠い道のりを速く行くとか、凡人の体を変えて仙人になるなどの不思議なことは、たくさんあって数え切れない。

●毒をコントロールしながら水銀を多目的に使っていた古代人

ここには、まさに道教を熟知した知識があるのです。

「丹」とは赤土のこと、水銀と硫黄の化合物で赤土とも辰砂（しんしゃ）とも、丹砂とも言います。すこし煩雑ですが、古代から伝わる言葉を整理してみます。

丹は、道教の言葉としては別の意味がありますが、それは後にして、まずは鉱物としての丹からお話ししましょう。

丹砂というより、「辰砂」が広く使われてきました。朱砂とも言うように、美しい赤い色をしています。中国湖南省辰州で産出したので、この名がつきました。天然の水銀の素です。水銀は、遠く古代から知られていた金属です。紀元前一六〇〇年ころの墓からも検出されます。

世界各地で産出され、中国では殷の時代にはすでに辰砂を使っていました。ギリシャでは水銀化合物を医薬の軟膏に使っていましたし、日本では縄文時代の土器や土偶にすでに使っています。神功（じんぐう）皇后の新羅（しらぎ）遠征に当たって、朱砂で鉾や軍衣を染めたと伝えられます。魔よけとして使われたのです。

辰砂、丹砂、朱砂と、どのように呼ばれようと、この赤土はじつに美しい赤い色をしています。その鮮やかな赤に古代人は魅せられたに違いありません。

鉱脈の母岩の割れ目に、辰砂は存在しています。水銀を含んでいるので、辰砂を集めて熱を加えて気化させた水銀を得るのが普通です。それだけでなく、鉱脈の表面から水銀が自然に汗の状態で吹き出しているのを採取することもできるのです。

私は、こうした天然の鉱脈を見たことはありません。しかし、鮮やかな朱色の砂の上に銀色に輝く水銀の粒が浮かび上がっている岩場を想像すると、古代の人たちの感動が伝わってくる思いに駆られます。

水銀は、不思議な形状をしています。体温計を壊してしまった経験がある人ならわかるでしょう。ころころと転がるようにして、水銀はついたりはなれたり、とらえどころのない、始末の悪いものです。

そんな物質を、古代人は畏れたり、尊んだりして、使いこなしてきたのです。

高野山に分け入ったお大師さまも、きっと丹砂の岩とそこににぶく輝く水銀の「水滴」を見たのではないかと思います。私は、いまなおうっそうと樹木が生い茂る高野山の奥の院のたたずまいを思い起こしながら、自然が造りだした朱といぶし銀の「芸術」を発見したお大師さまの心を想像しています。

そこに、仏さまの生命力を感じて、高野山に修行の場を造ろうとしたであろうか、と。

しかし、水銀は毒性も強くて、戦後日本の公害病の原点になった水俣病は水銀中毒によるものでした。

古代の人は、その毒をコントロールしながら、水銀をじつに多目的に使っていました。古代の錬金術ではもっとも好まれた金属でしたし、高貴な人々が亡くなったときに、朱を入れる風習は最近まで続いています。いつまでも腐らないとされたのです。

水銀は、古代の冶金(やきん)に欠かせないものでありました。常温で液体という唯一の金属元素である水銀は、多くの金属と合金を作る傾向が強く、これをアマルガムというのですが、たとえば、銅に金を付着させるためには欠かせないものです。

●古代科学の集大成である密教

なんといっても、お大師さまが古代鉱山学に精通していたことは、いまでは「通説」になっています。若き日に山野を駆け巡って修行したときに会得されたものでありましょう。あるいは、生家の佐伯氏に伝えられた知識が土台になっていたのかもしれません。

佐伯氏は、東北の討伐に関わった一族といいますから、鉱物資源の豊富な土地で得た知識があったことでしょう。古代の豪族は、資産形成につながる産業の知識を、秘伝として一族に伝えていたのです。

研究者のなかには、お大師さまが修行として深山幽谷を歩いたのは、じつは錬金術師として鉱床を発見するためだった、と解く向きもありますが、私はそうではないと考えています。修行が第一であり、鉱物への探求はそれに付随していたものだったはずです。鉱物だけでなく、野山に生える薬草の知識も習得しました。天体も観測したことでしょう。

若き日の修行は、お大師さまにとって自然という偉大な「研究室」で学ぶことでもあったのです。

そうした「実験」を裏付けたのが、唐への留学でした。お大師さまが湖南省に滞在した記録があることで、水銀との関わりを説く研究者もいます。湖南省は水銀の産地なので、その精錬法を学んでいたのだとしています。

そうした「傍証」から、お大師さまと水銀との関わりを捉えてみれば、たしかに高野山を支配していた丹生一族に、中国から持ち帰った水銀の最新知識を伝え、その代わりに土地を譲り受けたという推論も成り立ちます。

丹については説明しましたが、道教では不老長寿の薬を「丹」といいます。

内丹と外丹とがあった、内丹とは、ヨガやさまざまな儀礼を使って身体の内部に気を運用し、金丹をつくり、不老長生を得るものです。金丹とは、これを服用すれば不老長生を得るものとされます。丹をつくるには人里離れた名山で、斎戒沐浴して身辺を清潔にしなければならないとされます。

外丹とは冶金や鉱山学などの技術そのものです。冶金の技術については、人類ははるか昔から持っていました。いずれお話する鉄の登場でもわかるように、鉱物を混ぜたり熱したり晒したりして、純正な金属を取り出し、あるいはさまざまな道具や仏像などを造るようになりました。

錬金術師とは、そうした技術を持った人たちだったのです。彼らは、ハードとしての技術を持っていただけではありません。それらの技を効果的にするために、宇宙に満ちるパワーを利用する術を知っていました。瞑想して、呪文を唱えて、金属が変化する力に作用を及ぼしたのです。

「丹」とは、そのような古代の総合科学の一つだったのです。しかし、これらの技術はみな秘伝であったので、現代まで伝わっているものが少ないのです。文書が残っていても肝心のところはぼかしてあります。

密教そのものが、古代科学の集大成でもありますから、まさに「深く」読み解くことによって、この世の苦を具体的に救済することができたのだと、私は考えています。

●「伝ふるに必ず人を択ぶ」

いずれにしても、現代の私たちが想像する以上に、古代の人たちは宇宙や天然自然と人間との関わりについて、知識を持っていたと考えたほうが、さまざまな現象を無理なく考えることができましょう。

現代の日本では、さまざまなアンチ・エージングのサプリメントや、グッズやトレーニング法が広まっています。そのルーツは、みな古代からの知恵にあるようです。

最近になって、開発途上国と先進国との間に問題が生じました。さまざまな薬のもとになる植物や動物を、途上国から入手して売り出すにあたって、もっと支払いをしてほしいと途上国側が言っているそうです。アマゾンの密林から見つけた植物、東南アジアの熱帯雨林から見つけたものなどから、現代医療に使われる薬が出来ることが多いのだそうです。

医薬品として売られているもの以外にも、サプリメントとして、さまざまなものが売られています。それらは、現地で暮らす人たちの知恵でありました。

しかし、どれほど効能があろうとも、「心と行い」が一致しているのでなければ、薬もトレーニング方法は効きません。道教の不老長寿の秘法などまやかしだという人もいるが、そうではないと、隠士は語ります。

それは、人に依るのだと言うのです。そういえば、高嶋易断の創設者、高嶋嘉右衛門は「当たるも八卦、当たらぬも八卦」ではなく、「人により、当たるも八卦、当たらぬも八卦」なのだ、と言いました。「人」が大切なのです。

「伝ふるに必ず人を択ぶ、尊卑を以てするに非ず」

お大師さまは、ここで虚亡隠士に語らせています。

仙道の秘術を伝えるには、必ず人を選ばねばならない。それは身分の上下によるのではない。そして、付け加えます。君たちは、勉強に専心して、後世の非難を受けないようにしなさい、と。

手足の及ぶ範囲では小さな虫けらも殺さないように。肉体の汚れは離れ、心は貪欲を持たない。目は遠くを見ず、耳は長い間聞かず、舌はうまいものを食べず、口は粗末なことばをいわず、親には孝行、他人には誠実、憐れみ、慈しみの心を持つ――。

そのように生きるようにすれば、不老長寿になり超人となるのだ、と。心身ともに俗世を離れて、仙人になることを、隠士は教えたのです。

仙人にならずとも、「親には孝行、他人には誠実、憐れみ、慈しみの心を持って」生きれば、この世に生きながら、仏さまと出会えると、これは後半の教えになります。心満ちる教えは、道教も変わらずあるのです。

第七章 本来、生命のルールは共に生きること

●仙人が遊ぶ天上の極楽

「くうねるあそぶ」という造語があります。人気のクルマのキャッチコピーになり、一時はちょっとした流行語になりました。

食べて、寝て、遊ぶ。そんな楽な人生を送りたいと、バブル時代までの多くの日本人が夢をみていました。

また「癒し」という言葉も流行しました。働きすぎるほど働いて、経済大国になってきた日本人にとって、ゆっくり、何もしないで日々を送ることは、思うだけで癒しになっていたのです。

現代ではどうでしょうか。社会には、働かないのではなく、働けない若者が増えています。世界的な不況という大きな要因があって、個人の責任に帰すのは酷かもしれません。

しかし、一方で、日本人は「勤勉」という習慣をどこかに置いてきてしまってはいないでしょうか。働き詰めだった親たちは、その苦労を子供たちにさせたくないと、まさに「くうねるあそぶ」の環境を与えてしまったのではないか。私は、ときにそんなふうに考えてしまうことがあります。

子を思う親の気持ちは尊いものです。しかし、ときに厳しさを忘れて、子供に接してはこなかったでしょうか。

「子孫に美田を残さず」と、西郷隆盛先生は教えました。子孫には、苦労を通じて学んでほしいという願いが込められた遺訓だと思います。そして、その「苦労」のなかに、じつは創造する喜びや忍耐の末の達成感という、生きる力となるものがあることを、西郷さんは知っておられたのでしょう。

子供たちに整った環境を与えることは、時に子供たちの生きる力をそぐことになってしまうことを、現代の恵まれた日本人に、もっと知ってほしいと、私は願っているのです。

さて、『三教指帰』中巻は、道教の教えについて語ります。出世欲も物欲も捨てて、自然と共に生きる仙人の境地は、まさに極楽そのものでありましょう。

理想ともいえる、その世界を描きながら、お大師さまは中巻を終えます。上巻は、儒教の素晴らしさを、聞き手の蛭牙公子父子が感動したところで終わりました。

儒教の教えに従えば、社会的な成功を収めることができるというものでした。ルールを守らない蛭牙公子は、亀毛先生の演説でばら色の未来が開けたとばかりに、これからは身を慎むことを約束したほどでした。

しかし、中巻を開くと場面は一転します。演説を後ろで聞いていた虚亡隠士が、そんな世俗の栄華など儚いものだと一蹴して、道教の教えを語り始めます。

世俗の欲を捨てて仙術を究めれば、不老不死も可能だと言うのです。亀毛先生も、蛭牙公子父子もびっくりして、耳を傾けます。

物語が完結したと思ったら、どんでん返しです。お大師さまは、現代のベストセラー作家顔負けのストーリーテラーなのだと、私は感じ入って、この『三教指帰』という小説に引き込まれます。

ここは、現代の言葉で、その仙人が遊ぶ世界を再現してみましょう。

もし道術にかなって、これを修得することができれば、老人の体を若返らせ、白い髪を黒くして寿命をのばし、「死籍」と言いますから死者の名簿ですが、ここから名前を削除して、この世の暮らしを長らえさせます。

そして、どのような生活を送るのかといえば、天上の「極楽」に遊びます。太陽の町で楽しみ、天帝の殿堂にゆったりと楽しむ。織姫星を見たり、月の精である仙女を探してみたり、帝を友とし、あるいは神術を使う賢者を従者として過ごすのです。

古来、ユートピアはどこでも同じような、苦しみのない贅沢な暮らしが描かれますが、働きづめの人々にとって、王侯貴族の暮らしぶりを味わってみたいという願いがあったのでしょう。

しかし、その贅沢な境遇も、「淡白として欲無く、寂寞として音無し」という、清らかな場所であります。

自然の中に建てた別荘で、寝たいときに寝て、食べたいときに食べる。好きな音楽を聴いたり、絵を描いたり、好きなことをして過ごす。そんな暮らしを、とてつもない贅沢な世界だとイメージすればよいでしょう。

現代では、世界中にこのような「楽園」があります。高級リゾート地や豪華客船の旅を楽しむ心地でありましょうか。

お大師さまが、『三教指帰』に描いた道教のユートピアは、もしかすると、現代に実現しているのかもしれません。

●果たして道教が真理の教えなのだろうか

現代の桃源郷は、おカネがなければそこに行くことはできませんが、道教では「天神の秘術」をもって、到達できる夢の世界だったのです。

「世俗を顧み惟(おもんみ)れば、貪欲に縛られて心意を煎迫(せんぱく)し」と、お大師さまの筆は、現世の人々の苦しみの元を突きます。

この世を見れば、人々はあくなく欲望に身を縛られて、心も考えもいらつかせている。そうして、いつも朝夕の食事や夏冬の衣服のためにあくせくし、浮雲のようにはかない富を願い、水泡のように空しい財宝を集め、分相応の幸せを求めて、イナズマのようにはかない我が身を養う……。

俗世の欲にとらわれれば、はかないこの世の出来事に日々、一喜一憂して過ごさなければならない。

秘術によって、仙境にあそべるようになる道教の隠士から見れば、「なんと痛ましいことか」と、儒教が説く栄華な人生を愚かな鳥に喩えたのです。

儒教は道教によって否定されたが、果たして道教が真理の教えなのだろうか、と読者に疑問を投げかけるようにして、物語は下巻に引き渡されます。

儒教も道教も学んだお大師さまは、そこに足りない「何か」を求めていたのです。自然のなかで、私たちは解放され、仏さまを感じます。そこから、新たな生命力がふつふつと湧き上がって、その力が人生の次なるステップへと導いてくれます。

きびしい自然のなかで瞑想し、学び、実践することによって、山川草木悉皆仏性、あらゆる生命が仏性であることを実感していくのです。私は真言行者として、自然から多くの仏さまの教えをいただきました。永遠の生命が、我が身にしっかりと受け継がれている神秘を感応するのです。

自然が祈りを強くするのだと、私は信じています。幼いころから、父に背負われて山に上り、崖っぷちで行をした記憶は、私の根底に息づいています。自然との一体感が、私を祈りに、御仏の世界に導いてくれたのです。

思えば、仏教はお釈迦さまが覚りを開いたときから、自然とともにありました。

苦行では覚りに至らないと、お釈迦さまは林を出て村へ出ました。川で身を清めて、菩提樹の下で瞑想に入ったのです。

私は、地球というかけがえのない美しい星に生まれ合わせた幸せを思います。どれほど贅沢なモノに囲まれていようとも、谷川の水一すくいの美味しさを味わう喜びにはかないません。

自然こそ、人間に究極の満足を与えてくれるもの、その自然と一体になる祈りが、私たちの生命を満たしてくれるのです。

お大師さまが、都での生活を捨てて祈りの人生を選んだ心は、帰依する私どもの心そのものでもあります。

●ブータンに見る「本当の幸せ」とは

人類は、長い歳月を飢餓と戦って生き抜いてきました。私たちのＤＮＡは「食べられないこと」を想定して、生命の設計図をつくっているそうです。飢餓からの解放は、人類の夢だったはずでした。

「どうぞ、飢えずに生きられますように」と祈った人はたくさんいたはずです。豊かになったのは食べ物だけではありません。衣類はもちろん、住まいも子供たちの部屋を持つまでにいたりました。すると、どうでしょうか。家族の団欒や会話が失われてしまって、「ひきこもり」などの社会問題が起きるようになりました。

物質が豊かになって、失われたものはとても大きいことに、私たちはいま気づき始めているのです。

本当の幸せとはなにか。ようやく「心」を見つめる時代がやってきたのです。それでも日本はまだまだモノが溢れていて、量より質が問題とばかりに、ブランド全盛の時代を迎えているのです。

私は、『幸福大国ブータン』という、ブータンの王妃が書いた本を思い出します。幸せとは何か、この一冊は大いに心を目覚めさせてくれるのです。

東ヒマラヤの奥に、ブータンという小さな国があります。チベット仏教の流れをくむ仏教国ですが、長い間、外国人の入国を制限していたので、お国柄はあまり知られていませんでした。

面積はスイスとほぼ同じ、人口は五十五万人です。その七九パーセントが農業で生計を立てていますが、いわゆる小作はいません。ブータンでは全員が土地を所有しているそうです。

二十一世紀は「心の世紀」とも言われています。産業革命以来、人類は大きく進歩しました。しかし、その間のさまざまな発明は、大きな戦争に使われるマイナスの面もあったのです。「戦争の世紀」とされた二十世紀を経て、人類はいま失いかけた貴重なもの、心を取り戻そうとしているのです。

その推進力として、仏教が世界各地で見直されているのです。閉鎖的な社会主義の国と言われている北朝鮮にも仏教はあります。僧侶たちは、寺院で毎日、祈り、経を読んでいるのです。私も訪れて、祈りを奉げてきました。寺を守る僧侶たちから、貧しいながら、清らかな心根が伝わってきました。

対立より調和を。あるがままを受け入れることを教義の基本とする仏教が、ようやく見直されてきました。

本を書いた王妃は、一九五五年生まれ。同じ年生まれの国王と結婚して、若くして王妃となりました。

かつて、日本においでになった若いブータン国王が、たいへん立派な様子なので、日本人の関心を集めました。日本の着物に似ている「ゴ」という民族衣装にも親しみを感じたのでしょう。

そのブータン国王は、十六歳で即位すると「国民幸福指数」という概念を国の基本にすえることを声明しました。

ブータンの発展・進歩の指針と尺度は、世界で言われている国民総生産（GNP）ではなく、国民の総幸福（GNH）だと宣言したのです。

当時、多くの専門家が、この言葉に首を傾げました。キャッチフレーズとしてはすばらしいが、まずこれを計る尺度はあるのか。そんなところから、この「幸福度」という概念は歩き出しました。

●総幸福の政策を支えているのが仏教

人間は物質的な富だけでは幸福にならず、充足感も満足感も抱けません。経済的発展や近代化は人々の生活や伝統的価値を犠牲にするものであってはならない、という信念のもとで、国の政策が作られるのです。

もっとも奥地にある村々の住民にまで医療と教育をおよぼすことで、地方の住民の生活を向上させて、新しい生活手段を生み出すためのさまざまな手段が講じられました。

国土の六割が森林というブータンの環境を守るために、開発を制限したり、大量の観光客を受け入れることに消極的だったり、豊かな地下資源の採掘よりも、人と動植物の生息環境を守ることを優先しています。

国家収入の四割に及ぶのが水力発電事業で、これは巨大なダムを造るのではなく、川の流れの落差を利用したものだとか。

ヒマラヤの桃源郷と語り継がれてきた国ならではの、総幸福の政策だとは思いますが、この政策を支えているのが、じつは仏教だと知って、私はたいへん感心しました。

ブータンには、国直属の僧侶が五千人ほどいます。中央僧院によって選ばれる大僧正がブータンの精神的元首だと、王妃は著書で述べています。

僧侶は地域社会の生活の中心的な役割を果たしていて、お祭りや年中行事を主宰しています。国が扶養する僧侶だけでなく、民衆に支えられている僧侶が三千名ほどいます。在家僧もたくさんいて、社会活動家としての役割を果たしています。しかし、ブータンは近代的な民主主義を政治に取り入れて立憲君主国家を目指しているのです。

このような、古くて新しい国家の試みが成功すれば、世界は変わって行くことでしょう。

国民総幸福の成果は、数字に表れてきました。ブータン人の平均寿命は、一九八五年から二十年間で四十七歳から六十六歳に伸びました。識字率は二三パーセントから五四パーセントに、小学校の就学率は、八九パーセントに達しているということです。

環境分野にいたっては、動植物の豊富さと自然資源の模範的な活用の面から、世界の十拠点の一つに数えられているのです。ヒマラヤという自然に満ちた国だからこそ、と思います。

国の近代化という点では、ずいぶん遅れて仲間入りをしたブータンは、そのおかげで、未来の国家像の見本になろうとしているのでしょう。国の規模が小さいことも、理想的な国つくりができる要因だと思います。

それだけではなく、やはり仏教の教えが日常的に生活に浸透していることが、ほんとうの幸福を目指す政策を実現させる国民の精神的な背景をつくっているのです。

●道教のユートピアを語りながら御仏の教えを準備

日本人が、どうして、現在のような心を彷徨わせてしまう社会になってしまったのか。

私は、物質的な満足を求めすぎた結果だと、考えています。

日本が明治維新を迎えた時の状態を思い出します。あの時代は強く、大きい国家になることが、世界の足並みでした。あの当時に、資源が枯渇するであろうことや、人口爆発や地球温暖化の問題が表面化していたなら、日本はもっと日本独自の智恵を生かした国造りができたのかもしれません。

江戸時代の日本は、身分制度など改める点は多々ありましたが、生活や文化の面ではいまに通用する自然を大事にする思想があったと思います。資源のリサイクル、人と人との絆をたいせつにする暮らしなど、もう一度見直して現代に生かしたいものがあるのです。

祈りとは、自然と合体するものです。物質を求めるために祈るのでは、御仏の世界には行き着かない、この世だけのことです。見える物ばかりを追い求めないで、心のために祈りましょう。人を助けて、ともに喜ぶときの充実感を知りましょう。それらこそが、心の幸福大国への切符なのです。

森林に囲まれたブータンだからこそ、生まれた発想ともいえましょう。自然とともに生きることは、決して仏さまの教えに反するものではありません。

これは、下巻につながることですが、お大師さまは、道教のユートピアを語りながら、御仏の教えの準備をされていたのだと、私は思っています。

後々、お大師さまが戒めている「縁覚」の教えに通ずるものがあるのです。

縁覚とは、修行の一つの段階です。

『十住心論』を読み進めると、この縁覚についての教えが出てきます。

「湛寂の潭(ふち)に遊泳し、無為の宮に優遊す。自然の尸羅(しら)、授かることなくして具し、無師の智慧、自我にして獲……身通をもって人を度して言語を用いず。大悲、闕(か)けてなければ、方便、具せず。但し自ら苦を尽くして寂滅を証得す」

縁覚というものは、煩悩を絶って静かに落ちついた涅槃の潭にあって自在に泳ぎ、なすこともない覚りの宮殿にのどかに遊ぶ。自らの戒律は授からずして備わり、師より伝えられざる覚りの智慧は自分で得る。超自然能力を身につけて人々を救い、言葉をもって教化するのではない。

理想の修行のようですが、お大師さまは、ここで「だが」と続けます。そのような、理想的な覚りの境地に一人いる者は、人々を慈しむ大いなる慈悲が欠けているので、それを救う手だてが備わっていない。ただ自分だけの苦悩をなくして、覚りを得る、とされます。

静かな自然のなかで、師にもつかず一人覚りを得れば、安らぎの境地に到達できましょうが、そうして覚りにいたった縁覚には「生けるものへの慈悲」が欠けるので、ほんとうに他人を救済することはできない、というのであります。

●我が生命を他の生命のために使うことが人の役割

『十住心論』の巻五に言う「抜業因種心」が縁覚について説いています。

人里離れた幽玄の世界で、業煩悩の根株を引き抜いてしまうから、この名がつけられます。精神統一によって得られた、この静かな境地は、仏教以外の教えでは得られるものではありません。道教の桃源郷とも違います。しかし、師にもつかず一人覚りを得ることによって、安らぎの境地に到達します。その覚りは、しかし自分だけのためのものであります。

生命のルールは、「共に生きること」。自分だけが静かな覚りに浸っていても、生命のネットワークをみれば、光の流れがそこで止まってしまうことを意味します。

高速道路で、自分だけは安全運転をしているとばかりに、クルマの流れに乗らず、マイペースで走っている人がいます。すると、全体の流れが乱れて、事故のもとにもなりかねません。そのようなイメージを持っていただくと、わかりやすいかもしれません。

それは、生命に対して間違ったことをしているからなのだ、と私は思います。お大師さまの教えも、同じでありましょう。

煩悩のもとになるものを絶てば、これはある種の覚りにいたります。

他人と交わるから争いが生じると言って、山奥で一人生活しても、生命にとっては、なんにもならないのだ、とお大師さまは言っておられるのです。

仙人暮らし、といわれますのは、まさに他人との交わりを避けて自然の中で暮らすことです。秘術によって超能力を得て、天上の憂いのない世界に遊ぶこともできます。しかし、そこに浸りきっていたのでは、本当の覚りにはいたらないのです。

この世に生まれてきたのは、なんのためでありましょうか。人として生まれてきたということは、人としての能力を生かす使命があるのではないかと、私は思っています。

どんな人も、それなりの役割があるのではないか。それは、我が生命を他の生命のために使うことであろうと、私は思いをめぐらせています。

生命のネットワークを忘れてはなりません。生命はいつもこの網の目を流れているのです。

●いちばん大切なことは「慈悲の心」

血液が体内をめぐって生命を生かしているように、私たちの生命を生かす血液が、智慧と慈悲であると、私は考えているのです。

慈悲の心とは、共に楽しむ心ではないでしょうか。悲しみを共にする心とは、じつは喜びを共にする心です。誰もが、心に喜びを持ってほしい。それが慈悲の心であります。悲しみを知るから、喜びへと手を差し伸べることができるのです。

縁覚には慈悲心が足りない、それでは真実の覚りには至れないのだ、とお大師さまは説きました。いちばん大切なことは「慈悲の心」、生活を離れ、自分の苦しみは取り去っても、他人の悲しみから逃げていては、どれほど心が安定しようとも、ただそれだけのことだ、とお大師さまはハッキリ申されます。

現代に何が欠けているのかと申せば、その「慈悲の心」でありましょう。「正義にあわれみが混ぜられるならば、地上の権力も神のように美しくなる」と言ったのは、シェークスピアの有名な『ヴェニスの商人』、ポーシャの言葉でありました。「慈悲のない正義は残酷であり、正義のない慈悲は乱脈である」これはまた、キリスト教の神学者トマス・アクィナスの言葉です。

西洋ではギリシャの昔から、「正義」ということを非常に重要視してきました。何が正義であるのかと言えば、私は「正義は夕べの星も暁の星もこれほどまでには賞賛に値しない徳である」というアリストテレスの言葉を思い浮かべます。

さまざまな説がありましょうが、正義とは平等であり、公正なことだ、というように考えてよろしいのではないでしょうか。

しかし、人間には利己心があり、なかなか公正になれません。自分のものを他人に分かち合うことができるかどうか、これができますれば「徳」なのですが、どうしても不公正になってしまいます。

そのとき、不公正を責めます。あるいは裁きます。しかし、その裁きに「慈悲の心」がなければ、これはただの「残酷」でしかないのです。

密教の教えは、まさに慈悲ある正義であります。正義とは、生命の教えに従った法なのだ、と私は理解しております。

●儒教と道教と仏教を兼ねて学ぶことができた「綜藝種智院」

人はしばしば、正義の名のもとで争いを起こします。相手を受け容れる、尊重する心を持って、世界は成り立ちます。身体を思い浮かべてください。全部の器官が同じ形・同じ働きだったら、私たちはこのように複雑ですばらしい動きができるでしょうか。身体は、互いに生かし、補い合いながら、一つの生命体を動かしているのです。人間社会も同じことです。

しかし、生命には生存本能があります。この大きなエネルギーを暴走させることなく、前へ前へと進んで行くことによって、私たちの人生は輝くのです。その「欲」を捨ててしまったら、生きて行く推進力まで無くしてしまうでしょう。密教が教える「煩悩即菩提」

とは、この生きる本能を肯定して、大きな力にすることなのです。

お大師さまが開かれた学校、綜藝種智院の理念には、そうしたお大師さまの生命の哲学がよくあらわれております。無縁社会などと言われて、人々の生命のネットワークが乱れている現代日本で、「いのちの再生」をと願っている私は、お大師さまの人づくりの理念を現代に生かしたいと、思っているのです。

綜藝種智院は日本で初めての私学であり、総合教育を目指していました。お大師さまは、人々を救済するために、儒教と道教と仏教とを兼ねて学ぶことができる学校を建てたいと、かねがね思っていたと言われます。若き日に書いた『三教指帰』から、少しもブレのない、深く広い視野がここにあります。

その願いがかない、京の環境の良いところに屋敷を寄贈されて、綜藝種智院を開きました。校則には、次のようなものであります。これは仏教学者の宮坂宥勝先生の訳を使わせていただきます。

「九流六藝といった中国のあらゆる学芸は、世の人びとのためになること、たとえば人びとを向こう岸へ渡す船や橋と同じようなものであります。また、十蔵や五明といったインドの学芸は、人びとの利益となる点で、宝石のように尊いものであります。でありますから、まさに目ざめたもの（仏）も永劫にわたって、あらゆる学芸を兼学して偉大なさとりを管制していますし、菩提をこころざす者（菩薩）たちが、完全な智慧を実現することができるのも、あらゆる学芸を学び、身につけるからだと、お大師さまは知っていたのでありました。そして、その智慧がはぐくむのが慈悲であるとも、わかっていたのです」

究極の教えは密教にいきつくけれど、そこにいたるまで儒教も道教も学びなさい、顕教も触れなさい、そうすれば密教のすばらしさがいっそう理解できるであろう、というお大師さまのお考えは、密教に対する信頼の深さであります。

●いま必要なのは「他人とのもっと濃密な関係づくり」

私たちは、たった一人では生きられませんし、たった一つだけの人生を生きているのでもありません。

一人だけの覚りの境地は、じつは幻影なのではないか。私はお大師さまの教えをこうしてひもといておりますと、近年流行りの言葉「バーチャルリアリティ」を思い浮かべます。最近では、スリーディー（３Ｄ）という、さらに進んだ映像ができました。特殊な眼鏡をかければ、画面が立体的に見えるというものです。仮想現実、と訳されますが、テレビやビデオなどに意識を投入して浸りきって、人工の映像なのに現実感をともなってしまって、ほんとうの現実と幻想の境が無くなってしまうことです。現実感の喪失、とも言えますが、その裏には現代人の「五感障害」という問題がひそんでいる、と私は考えています。

あまりに刺激が強すぎる現代、人々は視覚・聴覚・触覚・嗅覚・味覚がマヒしているといわれます。その強烈な刺激群によって、私たちは現実の周囲に気を向けることを忘れてしまうのでしょう。

現代日本は「無縁社会」だと言われます。昔は「無縁仏」と言い、縁が無くなるのは亡くなってからのことで、生きている間はどこかと縁がつながっているのが当たり前の社会でした。しかし、モノがあふれた現在の日本で時々、餓死する人がいます。他人との交わりを避けて暮らしているうちに、職も失って生活できなくなり、援けを乞うこともできなくて、誰にも看取られずに亡くなっていたというニュースを聞くたびに、私は慄然とします。

生きている人間が「無縁」で生きているのです。家族がいなくなっても、探せないケースも少なくないことにも驚き、胸が痛みます。老いた母親と連絡が取れなくなったまま、何年も放置していた人たちが何例もあるというのです。

現代の日本では、「おせっかい」を嫌うようになりました。たしかに、マイペースで暮らしていると、他人に入り込まれるのは、うっとうしいと感じます。しかし、いま必要とされているのは、戦後の核家族社会で捨ててしまった、他人とのもっと濃密な関係づくりであったのではないか、と私は思っているのです。

テレビの登場は、日本人の生活を大きく変えました。ブラウン管に子守りされ、ブラウン管で疑似体験をして育ちます。きれいな花を見ても、大自然の美しさに感動しても、これは所詮映し取られた風景でしかありません。生命の姿が、見えなくなってしまっているのです。テレビには臭いがありません。逆に、私たちの日常は、いまやスプレー公害です。

●智慧と慈悲を見つけてほしい

私たちはかつて、風にも匂いをかぎとったものです。雨を含んだ湿った匂い、新緑の爽やかな香り、胸騒ぎがするような嵐の予兆を告げる風、春の息吹きを運んできて頬をなでるそよ風、戦いの血なまぐさい臭いを伝える風……。そんな風の匂いをかぎわけることなど、いまの私たちにどれほどできるというのでしょうか。

触覚は、どうでしょう。土を掴んだことはありますか。手で何かを握る、掴む、そっと触れる。強く、弱く、手は感覚のセンサーですが、モノをしっかり握れない子供が増えているということです。感覚を磨くことは、他者とのコミュニケーションを深めることにつながります。

人間にとって、何が大切かと言えば、コミュニケーションに尽きるのではないか、という方もおられるほどです。人と人との交流が、生きること、生命そのものの営みなのです。

たった一つだけの種類だけでよいのであれば、この地球という生命の星に、これほど多様な生命が存在するはずはありません。必要な種が残っていくというのが進化の原則であるなら、まさに存在するものはすべて必要なものです。

一人の境地に止まる、ということは「静」です。ほんとうの、覚りの静にいたるには、一か所だけ「静」であっては、まるで身体の一部に滞りができたような状態になることになりましょう。

お大師さまの教えは、教学だけのものではありません。私たちの日常のなかに、教えを実践する機会はたくさんあります。

儒教のように社会のルールを守って暮らすことも、よりよく生きる第一歩です。しかしそこに止まっていては、かりそめの栄華に踊らされて、我が心を見失います。

道教のように世俗の欲を離れることは必要でしょう。しかし、心地よい場所に自分だけの世界を作って止まっては、そこから抜け出す勇気と情熱を失うでしょう。

仙人の世界に遊ぶとき、そこにあるはずの智慧と慈悲とを見つけてほしいものです。グアムに遊びに行く若者たちが、空港に降り立ったら、戦争で亡くなった人たちに手を合わせていただきたいと、私は思っています。子供連れで海外観光に行く親は、同時にわずかでよいから、海外の子供たちに何かの支援をしてほしいと、願っています。

そのような慈悲と智慧とが、地上への道へと導きます。何といっても、生命の旅は充実感を杖としているのです。苦の果てに得た楽は大きな達成感をもたらして、生きる原動力となってくれるのです。

さあ、仙人の世界を卒業して、次は巻三に入ります。

多様なネットワークのなかで輝きあってこそ、本当の充実となる

●生命のルールを語る仮名乞児

お大師さまの若き日の思想を、思い切り書かれた『三教指帰』は、下巻にいたって、ようやく仏さまの教えにいたります。

この世の立身出世、恵まれた生活と安定した家庭。徳を積めば公私にわたって、そうした俗世の幸せを得ることができると、上巻では儒教の教えを説きました。人間と人間との関わりの中で、どう生きるべきかを説いている教えであります。

しかし、身を律して、功なり名を遂げてなお、人というものはどこか満たされない思いを抱きます。この世の幸せとは、あの世に旅立つときには、すべて置いていかねばならないものであることに気づくのです。この世で得た仮の姿ではない、本当の自分というものがどこかにあることを知るのです。

その「物や事」を取り除いた「自分」とは何なのか。人はさらに求めます。

お大師さまが次に語られるのは、人間社会より大きな世界、地球であり、自然の中で人間を知り、生命を知ることであります。

自然のなかで生きることによって、思いがけない力を得て、生命の手ごたえを知るのが道教です。中巻で説かれたのはそれです。

しかし、それは自分の世界に浸って先に進まない、生命のルールからはずれる危険性をはらんでいることも、お大師さまは諭しています。深山で、森の奥で自然とともに生きれば、生命の充足感は得ることができましょうが、より多くの生命のネットワークにはつながらないのです。生命とは、多様な生命のネットワークのなかで輝きあってこそ、本当の充実となるのであります。

その道へ導くのが、下巻の「主人公」仮名乞児（かめいこつじ）です。

「仮名乞児というものあり」

下巻は、こう書き出します。

「何人（なにびと）ということを詳（つまび）らかにせず。

蓬茨（ほうし）の衡（かど）に生まれて縄枢（じょうしゅ）の戸（とぼそ）に長ぜり」

言葉だけでは、何のことかわかりにくい文章ですが、文字を見るとイメージを描くことができます。

蓬（よもぎ）や茨（いばら）の生い茂った家、つまりは手入れもしていない草ぶきの家で生まれ、縄を蝶番（ちょうつがい）の代わりとする貧しい家に育った。

その人物が、やがて濁った俗世間を離れ、仏道に入り、勤めに励んでいるのです。仮名乞児と、一応呼んでおこう。そんな含みのある名前であります。あくまでも、「仮名」なのです。

姿形の表現は、驚くばかりです。

仮名乞児は仏道に入ったのですから、黒髪を剃り落とすのは不思議なことではありません。しかしその頭は、まるで銅の甕（かめ）のようであり、顔は色艶がなく金属を溶かす坩堝（るつぼ）のようで、姿はやつれている。やせこけて、粗末な恰好は、市場のそばにいる乞食も恥ずかしがるほどである、と描かれています。手には金属の輪が取れた錫杖を持っていて、顔もゆがんでいる。たまたま、彼が市場に入ろうものなら、瓦や小石が雨のように飛んできて、渡し場を通れば馬糞を投げられる。

お大師さまの筆は、過激なまでの言葉を使って、この不思議な人物を表現します。世間に受け容れられない恰好をした人物は、いったい誰なのでしょうか。

●托鉢時代の苦しさを思い出させてくれる仮名乞児の登場

「阿毘私度（あびしど）」「光明婆塞（こうみょうばそく）」という私度僧たちは、仮名乞児の親友であり、支援者である。

「私度僧」というのは、奈良時代から平安時代にいました、政府の許可を得ていない僧侶のことです。お大師さまも、大学を辞めて私度僧として修行を積んだ時期がありました。

「夏は意を緩うして　襟を披いて太王の雄風に対い、冬は頸を縮め、袂を覆って、燧帝の猛火を守る」

山野で質素な暮らしをしながら修行し、自然とともに生きる仮名乞児の生き様は、後年にお大師さまが詠う数々の詩歌を思わせる、自然への憧憬が感じられます。

「形は笑う可きに似たれども、志は已に奪われず」

お大師さまは、そう結論づけます。

私は、「燧帝の猛火」という言葉が出てくる、この情景にいつも惹かれます。いや、托鉢時代の苦しさを思い出させてくれる仮名乞児の登場場面そのものが、懐かしく温かく、そして初心を思い出させる緊張感をもたらします。

お大師さまは、若き日に仏道を志して大学を辞め、深山幽谷で厳しい修行を重ねました。その日々は、山野に生える野草や果実を食料とし、あるいは托鉢によって糧を得ながらの修行であったと思います。

「屋島の不喰梨」というお大師さまの伝説があります。お大師さまが遍路されて、讃岐の屋島で、とある裕福そうな家に供養を乞いました。欲張りの主人は、供養するものはなにもない、と冷たく言い放ちました。すると、お大師さまは、家の傍らの木に梨がたわわに実っているのをご覧になって、「それでは、この梨を、二つ三つ施してはくださるまいか」と頼みました。するとその家の主人は、いっそう冷たい表情で言いました。

「この梨は喰えないのだ」

お大師さまは、そのまま立ち去りました。その後で、主人が梨の実をもいで食べようとしますと、まるで砂をかむようで「喰えない梨」に変わっていたのです。

この説話は貪欲を戒めたものですが、外見だけで人を判断してはいけないという戒めでもあると、私は教えを解きます。旅人との出会いは、まさに心眼を養う修行でもあると、この説話が教えてくれます。

いまも、大勢の日本人が、四国巡礼に出かけます。歩いて巡っていると、「思いがけない場所でお接待を受けて、とても心に沁みた」と、信者さんが語っていたことがあります。私は、自分自身の托鉢の体験を思い出しました。

「托鉢」は、お釈迦さまの時代から、僧侶の修行でした。伝法の旅は、托鉢によって支えられます。

●相手のために祈れば我が心も癒される

韋駄天という護法の神さまがいます。もとはインドの神さまです。脚が早くて、韋駄天走りなどという言葉もここから来ています。どのような由来でしょうか、韋駄天は食事と深い関係があるとされて、日本の禅寺などでは厨房に像が置かれることがあります。

中国では、この韋駄天が旅の僧侶の思わぬ目印となっていたそうです。安置された韋駄天の像の剣の持ち方で、その寺で食事ができるかどうかがわかったというのです。旅の僧侶に一宿一飯を提供する寺と、この布施をしない寺とがあって、韋駄天像をみれば、わざわざ尋ねなくとも、すぐにわかるようになっていたのです。

私は、これも一つの知恵だと思いますし、さらにはやはり仏教は世界宗教なのだとあらためて思ったものでした。現代とは違いますから、中国だけでも、北方と南方では言葉が違いましょう。文字で書けば通じるでしょうが、外国からやってきた僧侶もいたと思われます。元の時代は、遠くヨーロッパまで帝国の威光が届いていたのですから。そうした煩雑な手順もはぶいて、簡単明瞭ではありませんか。ちなみに、韋駄天はアレクサンダー大王のことだという説を、作家の陳舜臣さんが言っておられて、仏教のスケールの大きさに感じいりました。

さて、托鉢にお話を戻しましょう。

私も若い日に鹿児島で托鉢から修行を再開したことがありました。

大学を卒業して、母の待つ寺に帰らずに、世直しができると思い込んでクーデター計画に関わりました。逮捕されて拘留され、不起訴にはなりましたが、新聞で大きく報道されて、母から勘当されてしまいました。獄中で私は行者として真摯に生きることが、私の人生の使命なのだと悟りました。

しかし、母は怒って家には入れてくれません。ほんとうに無一物の状態からの再出発だったのです。いまでは、その体験があったから、御仏の教え、お大師さまの教えが、私の根源に響くのだと信じて、有難い御仏の配慮だったと思っています。

鹿児島市に借りた三畳一間の部屋に、リンゴ箱に半紙を貼った上に、お大師さまの厨子を載せました。これは、学生時代に宗教舞踊全国大会の総長賞でいただいた大切なものです。私は、毎朝午前二時に起きて、八時までお大師さまの前で一心不乱に読経を続けました。

それから身支度をして、県内各地を托鉢して回りました。法衣を着て菅笠を被り、手甲に脚半を着け、左手に数珠、頭陀袋を肩にかけます。草鞋か地下足袋で足ごしらえをしました。

京都や福井に行きますと、坊さんの托鉢姿が市民の生活に溶け込んでいます。坊さんがある家に門付けして般若心経を唱え、先祖供養をして一家の安寧を祈ります。すると、ガラリと戸が開いて、あらかじめ用意されていた米やお金などなんらかの布施が渡されるのです。布施の気持がないときは戸を開けないのが暗黙の了解で、坊さんは次の家の前に立つのです。

しかし、鹿児島にはこのような風土はありません。もともと仏教文化があまり及んでいなかったうえに、明治維新の廃仏毀釈によって、わずかに存在していた寺院は壊滅状態になったのです。その後、仏教復興の流れができましたが、それでも托鉢に理解があるという土地柄ではありません。

私が家の前で般若心経をあげますと、それだけで「うるさい」と怒鳴られ、「乞食に用はなか」と罵られることが多かったのです。とくに鹿児島市中では、物や小銭を投げつけられたこともありました。

しかし、農村地帯に行くと、少し事情が変りました。庭に氏神さまを祀っている家が多く、「拝ませてください」というと、断られることはほとんどありませんでした。お布施は、米、麦、餅、ミカン、それに一円、五円、十円玉がほとんどでした。初めての体験ですから、こうして温かい人の心が身にしみました。

あるとき、農家の前で般若心経をあげました。奥からおばあさんが出てきて、お布施をくれました。みると、目やにで目が見えないようだったので、その場で加持をして帰りました。しばらくして、その村に行ったので、再びその家の前に、なにげなく立ちました。おばあさんが出てくると、なんとすっかりきれいな目になっているのです。私が帰ってまもなく、目やにがとまったと、うれしそうに報告してくれて、お布施をくれました。目が治ったのが、我がことのようにうれしかったことを憶えています。祈りとは、相手の人のために祈れば、我が心も癒されるのだと、私はこの托鉢時代に教えられました。

托鉢とは、人の心を知る大切な祈りの修行なのです。

托鉢が巡礼という、もう一つの修行に重なるのは、どちらも「出会い」というご縁によって導かれるからであります。見知らぬ人に御仏を見るのか、盗人と疑うのか。仮名乞児の外見によって、人々は石を投げつけましたが、じつは御仏の道を歩く聖者なのです。

四国の巡礼ご接待には、旅人はみな仏さまという尊い心があります。そのご縁が、巡礼者を導くのであります。

じつは、旅ができるのは世の中が平和だからです。しかし争いの世だからこそ、祈る旅の大切さを知ることもあります。私の「平和の巡礼」もまた、戦乱の地に赴くこともあります。そのときは、早く争いが終わるようにと、いっそうの慰霊をいたします。

あまり知られていないことですが、真言宗では、戦争が激しさを増す昭和十八年の十一月中旬、高野山管長金山大僧正猊下が、四国八十八カ所霊場御巡拝という、宗団未曾有の浄業を実行しました。

お大師さまは、世俗の安楽を捨てて利生の門にお出でになり、麻の衣にあじろ笠という乞食坊主の修行者になりすまして、多くの、悩める人、苦しめる人の同行となり、友達となって布教伝導されました。そのお心に沿って、托鉢行願しながら、文字通りの同信同行を、戦時下の先達たちは考えていました。

金山管長猊下は、このときすでに八十歳近くになっていましたが、多年にわたって護摩供を厳修されていたうえに、日夜、国際平和の祈願、万国英霊の冥福を懇ろに祈念し続けていたのです。

そして、秋も深いこの時、ご両親の遺骨を負うて四国八十八カ所霊場を巡拝したいとの長年の願いを果たすことになりました。随行する僧侶たちも、管長猊下とともに木綿衣にあじろ笠をかぶり、頭陀袋と札挟みを首にかけ、手甲に脚絆、お大師さまの金剛杖をついて、遍路の旅を続けたのです。

お大師さまが仮名乞児に託した「托鉢」行の教えは、現代にも脈々と受け継がれているのです。

●火は心を鍛えるために不可欠のもの

もう一つ、「火」についての、お大師さまの言葉から、少しお話をしましょう。

「燧帝(すいてい)の猛火」とあります。燧帝とは、中国古代の伝説の聖人です。燧皇とも燧人氏とも呼ばれています。

「偉大な聖者が月と太陽の境界線の向こう側を歩いていた。その時、彼は、木とその木の上で、木をつついて、火をこさえている鳥をみた。聖者は、これでハッと気がつき、その木の枝をとって、そこから火を作りだした。そして、その時から、この偉大な人物はスイジンと呼ばれるようになった」

(『火の起源の神話』J・G・フレーザー著　ちくま学芸文庫より)

燧（すい）とは、火を得る器械という意味を持つ文字だそうで、燧帝は鳥が木を突付いているときに火花が散るのを見て、木を摩擦することで火を起こす方法を会得したというのです。それから、人々は火を使って料理し、暖を取ることが自在にできるようになるのです。

燧人氏とは、発火法を最初に得た部族の名だと、言い伝えられているそうです。「火」は生命の原動力となりますが、全てを灰燼（かいじん）に帰す強大なパワーを持っているのです。人類はその火の力を利用しながら、今日までの歴史を築いてきました。

私の行の柱となっている八千枚護摩行は、正式には「焼八千枚護摩供」と言います。そうです、火で「焼く」行なのです。

「火」は心を鍛えるために不可欠のものです。その生命の火を、私たちの身体に取り入れるのが呼吸です。密教には「数息観」という行法があって、これは宇宙のリズムと人体という小宇宙のリズムとを調和させるものです。お経は声高らかに読め、と教えます。声を出すことは、呼吸をしていることです。読経のリズムが、呼吸のリズムと合って、宇宙に響くとき、私たちの生命は宇宙に満ちているエネルギーを取り入れることができるのです。呼吸が整えば、火の燃え方が整います。

人間と動物との差は、火をコントロールできるか、どうかにあります。「火」は人類にとって宝物です。その一方で、人類を破滅させる力をも秘めた破壊の象徴です。

火の灰の中から植物は芽を出します。焼けた土壌は、芽に栄養を与えます。しかし、その火はまた成長した生物の全てを焼き尽くす威力もあるのです。

火はまた、人類に「灯り」をもたらしました。夜も歩けるようになりました。寒い土地では暖を取り、湿地では衣類を乾燥させ、食べ物を腐敗から守って、人類は火とともに今日まで種を繁栄させてきました。

●護摩行は三毒を焼き身を清める

私たちは、誰もが「火」を持っています。烈火の如く怒ったり、燃えるような情熱を傾けたり、血潮を沸き立たせます。みな熱く燃え上がる「火」ならではの性質です。その「火」を、私ども行者は仏さまとの交流に用います。護摩を焚くのです。

火を中心にした宗教儀式は、インドの古代からありました。紀元前千五百年前ごろからインドに侵入して先住民族を征服したり同化しながら、住み着いたアーリア民族が、ホーマという儀式を行っていました。バラモンはこの儀式を執り行う役目をもった人たちだったのです。このホーマが、護摩の源流です。

心の火とは、煩悩の火です。護摩を焚く。それは地獄の劫火の苦しみを知り、そこから解放されるためのプロセスを体験するもの、ということができましょう。

火は仏さまの世界のように温もりがあり、地獄のような苦しみをもたらします。生命そのものが火なのですから、「やっぱりダメ」と、後ろ向きになったり、現状に留まっていると、不完全燃焼を起こします。

私たちの誰もが、大きな火種を仏さまからいただいているのです。心の火をいつも上手に燃やし続けたいものです。

護摩行は、三毒を焼き、身を清めます。火を焚く炉は、きちんと掃除をしなければ、火は不完全燃焼して黒いススだけが残ります。私たちが心に本来持っている火が燃え盛るために、平素から心という「炉」を掃除しておかねば、生命の火を燃やすことはできないのです。

心という炉で炎が完全燃焼して燃え上がれば、身体は清められて、その炎が外に照り映えるのだと、私は感じるようになりました。護摩の火は、心を照らす灯りです。そう、火は灯りなのです。

「火大」を現す真言は「ラ」字です。宇宙の本体は汚れがないということの象徴とされています。宇宙そのものが、あらゆる汚れを焼き清めるはたらきをもっていることから、「火大」を表しているのです。

●風は停滞するものを吹き飛ばし生命を清める

そして、夏には「大王の雄風」が、仮名乞児に力をもたらします。

「風」は、私たちに感じることを教えてくれます。風がなければ、私たちは生きられません。見えないけれど感じる風の存在こそ、私たちをこの地球という惑星に住まわせてくれる功労者なのです。

風がなければ、熱帯地方は生き物が棲息できないほど熱くなり、残りの地域は全て凍りついてしまいます。湿気は海だけに封じ込められ、沿海地帯以外はみな砂漠になってしまうと言われます。写真で見る月や火星などの荒涼とした風景が目に浮かびます。地球がこのように豊かな生命の星となったのは、風が熱気も寒気も移動させているからなのです。「速きこと風の如し」とは、風林火山の言葉です。風は、動くものであり、動かすものでもあります。停滞するものを吹き飛ばして、生命を清めます。

あらゆるものには原因と結果がある、というのが因縁の教えです。しかし、ここから解脱しなければ、覚りの世界に行き着くことはできません。結果を生む原因や条件を吹き払う力が風大に象徴されるのです。「カ」字を真言とするのが、「風大」です。

「四大、相触れて音響必ず応ずるを、
名付けて声という」

地・水・火・風の「四大」が触れ合って音と響きとが応じあうのを「声」というのだとお大師さまは教えます。（『声字実相義』）

この四つに続く「空」と「識」の二大は、実体に触れることができないものですから、触れることができる四つが、互いに響きあって、生命を育てているというわけです。

私の鹿児島・最福寺のご本尊は波切り不動明王、背に火炎を背負ったお姿に火を焚いてお祈りします。さらに、大きな大きな弁財天がおられます。木彫りの坐像としては、東洋一の大きい仏さまです。弁財天は、文化の神として、愛されてきた仏さまです。弁財天はまた水を象徴する神さまです。不動明王は厳しい父親のイメージですが、弁財天は生命を生み出す母親のイメージです。その両者がおられて、調和を作り出しているのだと、私は信じています。

●家族という小さな世界を越えて、大きな世界から絆を見つめ返す

仮名乞児に、「ある人がこう言った」と質問をぶつける形で、お大師さまは『三教指帰』を続けます。

万物の霊長である人間の優れた行為とは、孝行と忠義である。それなのに、あなたはなぜ、いたずらに乞食の間に入って、親に孝行を尽くさず、主君に忠義を尽くさないのか。それは先祖を辱め、汚名を子孫に残すことではないのか。

これに対して答える形で、仮名乞児は切々と説いていきます。親の深い恩は片時も忘れたことはありません。親孝行ができないことを、私は終日悩み一晩中苦しんでいる。その言葉は、そのままお大師さまの苦しみであったことだろうと思います。

「貴うもの」と言われて愛情を注がれて大切に育てられたお大師さまが、そのご両親の期待から離れて修行に入られた苦しみが、そのまま文章に綴られていると、私は合掌して読んでいます。

その悩みを越えて、仮名乞児は言います。

「小孝は力を用い、大孝は匱（とも）しからず」

「匱す」とは、ひろく人々に慈愛を及ぼすという意味です。我が親やご先祖だけへの孝行ではなく、もっと広く大きな孝行をするために修行していると、答えたのです。

さらにお釈迦さまは、前世の修行時代に、飢えた虎に我が身を与え、両親はそのショックで倒れたという逸話を持ち出します。

それに対して、仮名乞児は「もし、儒教を信奉する人が言う通りならば、お釈迦さまは不幸者であるけれど、仏陀と呼ばれているではないか、最終的にその道に合致すればよいのであって、目先の小事にこだわることはない」と説きます。それは、お大師さまが苦悩の末に得た答えでもありました。

身体を使って父母に仕えるだけが、孝行ではない。見えない行為によって孝行、忠孝をしているのである。より大きな救いを求めるのも、大事な親孝行である。お大師さまは、そのように教えたのでありました。

仏教は、この世のしがらみを断ち切って生きる教えであるから、親子の情愛を否定するものだ、と思っている人が少なくありません。出家とは、家族や肉親との絆を離れて、ひたすら仏さまとともに生きる修行を重ねることですから、そのように思われることも無理のないことです。情愛を捨てるのではなく、情愛を心にもって、しかしその絆に依存せず溺れずに、仏さまの道をあるくのが「出家」であると、私は信じています。

お釈迦さまは、王子としての身分を捨てて出家しました。それは、親を捨てたのではなく、親から離れたという表現が正確であろうと、私は思っています。親と子の、現世のありようを変えたのであって、我が身を生み、あるいは育てた親という存在を切り捨てたのではないのです。

出家することは、親の大きな恩愛を知るためのことだとも、お釈迦さまは教えます。親を否定するのではなく、親子という絆を越えて、生命と生命の結び付きを考えたのでした。家族という小さな世界を超えて、もっと大きな世界から家族の絆を見つめ直すことです。実際、お釈迦さまの説法には、親子の情理を説くものが少なくありません。

英国のウイットビーという医者は、人間が偉くなる要素をさまざまな角度から調べました。学者や政治家、外交官、実業家、軍人、教育者や芸術家など百人を選んでみますと、共通する点がありました。まずは苦労した人、次には親孝行、それから貧しかった人、信念と信仰を持っていた人、独学の人、だったそうです。

洋の東西を問わず、親孝行は人間の大切な資質であると、私はあらためて知って、現代日本へのメッセージとします。

第九章 儒教も道教も極めれば仏道に通じる

●人は思ってもみなかった縁によって、人生を導かれる

人と人との出会いほど、不思議なものはないと、私は思っています。星の数ほどあろうかと思う世界の人々の中で、私たちはさまざまな出会いを繰り返します。うれしい出会いもあれば、傷ついた出会いもあります。ちょっと得意な気分になった出会いも、落ち込んでしまう出会いもあります。

世界が狭くなったと言われる現代社会では、出会いの場も人の様子も変わってきました。見知らぬ国の人との出会いもあれば、長年知らずに生きてきた近隣の人との新たな出会いもあります。最近では、ネットが登場して、出会いの形も激変しています。

平成二十三年三月十一日、東日本を大地震が襲いました。マグニチュード9という、世界でも稀な、千年に一度という海底地震によって、東北の太平洋沿岸一帯に巨大な津波が押し寄せて、おびただしい数の犠牲者がでました。町や村が一瞬に津波に飲み込まれて、消滅してしまいました。

おそろしい惨事のなかで、人々は思いがけない出会いを体験したはずです。見知らぬ人に手を差し伸べ、あるいは地域の絆で生き延び、あるいは新しい土地との出会いも数限り

なくあったはずです。

沖に停泊していた外国の貨物船のマレーシア人だったでしょうか、一人の船員が、たまたま土産物を買いに上陸して、地震に遭って右往左往しているところを、日本人女性が避難所に連れていきました。とりあえずの安全と食事を得て、何日かして大使館と連絡がとれて、その船員は無事に帰国したそうです。

日本人たちの温かさに触れたと、彼は語っていました。災難ではありましたが、得がたい「出会い」を、彼は生涯忘れないことでしょうし、人生観に大きな影響をもたらされたと思います。

こうした出会いを、仏教では「縁」と言って大切にします。縁とは、人と人との生命のネットワークを結ぶために欠かせないものであります。思ってもみなかった縁によって、人は人生の旅を導かれていくのです。

お大師さまの「小説」、『三教指帰』はその縁を軸に、物語が回っていきます。兎角公の邸の庭が「舞台」です。登場人物は少ないのですが、舞台の中央に立つ俳優は次々と交代していきます。そして、最後に登場したのが、仮名乞児でありました。主役スターが現れたのです。

その姿は、観客の意表をつくものでした。みすぼらしい姿をしているのです。人の価値は外見ではない、その人物の本当の姿を見極めることが大事だという、お大師さまのメッセージであります。

●儒教も道教も旅の通過点であり、宿場である

この日、仮名乞児は、空腹でした。

「六府（りくふ）の蔵（くら）、関焉（けきえん）として、すでに空し」

お腹がすいていたので、托鉢に出て、兎角公の邸の前にきたところ、庭で二人の人物が論争していました。

「亀毛と隠士とが論諍（ろんしょう）の戦の庭に逢いぬ」

仮名乞児は門によりかかってこれを聞き始めました。

仮名乞児の登場を、お大師さまはこのように表現しています。情景が目に浮かぶようです。さらに、その戦の様子を描いているのですが、これがなんとも豊かな表現力で、思わず笑いたくなるような、風刺の筆さばきなのです。

「稲光のようにはかなく消える肉体」に、「くもの網をかぶととし、極小の虫の馬に武器をつけ、しらみの皮を太鼓として敵陣をおどろかしめ、蚊の羽を幡（はた）として軍勢のしるし」

としている、というのです。

威勢はよいが、中身は幻であり、吹けば飛ぶような小さな虫たちを使って武装をし、戦っている二人の姿が、彷彿としてくるではありませんか。

誰かがつまらない論争をしていたら、こんなふうに想像してみると、面白いですね。怒る気持ちもなくなりましょう。自分が誰かとケンカしているとき、小さな馬に乗ってくもの網をかぶって相手に立ち向かっていると思ってみれば、争う気持ちも失せましょう。

聞き入って、仮名乞児は考えます。

「各我は是なりと思い、並びに彼は非なりとおもう」

二人はそれぞれ自分が正しいと思い、相手が間違っていると思っている。それは、どちらも間違っている。仮名乞児は、とうとう「戦場」に乗り込みます。「私の虎や豹のような強い鉞をもって、あの人たちの蟷螂の斧を砕いてやろう」と、仏教の教えで武装して、敵陣に割って入ります。

人はなぜ戦うのでしょうか。人類は、いつも戦いを繰り返しながら歴史をつくってきました。戦いは敵も味方も傷つきます。無念の思いで死んでいった人たちの霊を思うと、なんとか戦いのない世界をつくれないかと、私はいつも願うのです。

戦争は、一人一人の心の中から生まれる、とユネスコ憲章はうたっています。心から戦いをなくせば、平和への道が開けます。『三教指帰』でお大師さまが説く「戦い」も、じつは我が心の中に繰り広げられるものであります。

儒教と道教との論戦を、心の中の戦いに置き換えてみましょう。人は誰も「善い人間」でありたいと願います。「悪い人間」になりたいと思うのは、心を陰が覆っているときであります。

善い人間になるために、親に孝行し、仕事に励んで出世して、地位も生活も安定し、人に羨まれる生活を送りたいと願います。

その一方で、社会の中で気を使い、争い、忙しく生きる人生から逃れたいという気持ちも抱きます。

人生が順調にいっているときは、この二つも調和しています。一生懸命に働いて、ゆっくり自然の中で休息してリフレッシュし、また生きる元気を得るのです。

しかし、疲れてこの調和が乱れますと、どちらかに傾きます。疲れも忘れて仕事にのめり込んで我を忘れるか、あるいは全てを投げ出して自然の中で生きようとするのか。

お大師さまは、心の中でせめぎあう両者の戦いは、ほんとうは小さなものなのだ、と説いていらっしゃるのだと、私はこの情景を戒めとしています。

儒教も道教も道を究めれば仏道に通じる、とお大師さまは教えます。どちらもなおざりにしていいものではありません。しかし、そこにこだわっていると、その先にある生命の真実の世界に行き着くことはなかなかできないと、お大師さまは導いているのです。どちらも旅の一つの通過点であり、宿場であると、お大師さまは教えているのです。

●迷いを改めよ。そして、ともに仏道を歩むがいい

宿場同士が、互いに「こちらがホンモノ」だと言い争っていても仕方ないではないか、とお大師さまが教えていると、私は解いています。

両者の戦いを収めるには、「虎や豹のような強い鉞」で、彼らの「蟷螂」の斧を砕くことだというわけです。「強い鉞」とは仏さまの教えであります。

心の中で、社会のなかで生きようか、自然のなかで生きようかと、葛藤していることはありませんか。

生半可な気持ちで仕事をやめて、悠々自適の暮らしを選んでも、満足するでしょうか。

都会の生活に疲れて「田舎暮らし」を選ぶ人たちが増えています。思い描いていた暮らしと違うと、後悔する人も少なくないそうですが、成功する人たちは、その暮らしに「満足できる何か」を見つけた人でありましょう。仕事をまっとうして生きようとする人たちもまた、そこから「道」を見つけていくのです。

何かを見つけた人たちは、生きる「形」を変えただけでなく、そこに生きることの真実を見つけた人たちです。生命の充実感を味わうことができるか、どうか。仏さまが教える人生の醍醐味を知ることができるか、どうか。それが、生きている手ごたえなのです。どんなライフスタイルを選ぼうとよいのだ、生活のあり方や考え方にこだわっていてはいけないと、仮名乞児に託して、お大師さまは教えているのです。

戦いの真実の敵は、自分自身であります。心を満たして生きることができるかどうかを見極めるための戦いには、強力な「武器」が必要だと、お大師さまは教えてくれるのです。心の奥底に眠っている「仏さまとしての私」と出会う旅はきびしいものだと、仮名乞児は語るのです。

「私は、君たちの議論を聞いていると、まるで、氷に字を彫りつけたり、水に絵を描こうとしているようなもので、労して益がないから、ほんとうにつまらない」

二人の論は五十歩百歩だと感じ取った仮名乞児は、仏陀の教えを説き始めたのです。

迷いを改めよ。そして、ともに仏道を歩むがよい。孔子と老子は、もともと仏陀釈尊があなた方の愚昧を哀れんで中国に遣わした者である。儒教と道教という二つの浅い教えを、仮に説いたのであり、その先に真理の教えである仏教があるのだ。それなのに君たちは、それぞれが出会った浅い教えに執着して、迷っているのだ。

これを聞いた隠士が、仮名乞児にたずねました。

「あなたは、普通の人と違って頭には一本の毛もなく、体には多くの持ち物をもっているが、いったい、どこの州、どこの県の人で、誰の弟子なのですか」

この問いこそ、人間が外見にとらわれ、肩書きや出身にこだわって、人物の中身を見ようとしないことを、表現しているのです。なんといっても、仮名乞児はホームレスのような姿なのですから。

これを聞いて、仮名乞児は大笑いして答えました。

「三界に家なし」と答え、さらに付け加えます。

「前世から、生まれ変わりながら生きている生命に、定まった家があるわけではない。まあ、最近では、日出づる日本の天皇が治める讃岐の多度郡、屏風が浦に住んでいるが」

輪廻転生という仏教の思想は、儒教や道教にはないので、隠士はびっくりしてしまいました。

道教は、自然との一体感のなかから生命を考えるもので、仙人の術でもあります。隠遁の術とか、日本の忍者を思わせる不思議の術を行う仙人です。

中国にはいまでも、ずっと洞窟で修行し続けている人もいるそうです。何もないところで、さまざまな匂いを感じさせる仙人に出会ったと、これは近年中国を訪れた人が言っていました。

この仙人のタオが、やはりずいぶん早くから日本に入っていたようです。中国では、唐帝国が道教を集大成しましたが、仏教とくに密教と結びつくところがたくさんあったようです。その渾然一体とした教えが日本に入っていたのです。

●自分の心を改めるところに天国は出現する

お大師さまは、エリートコースを捨てて、深い山や海辺で修行をされるのですが、この間に、雑密やタオの知識をも身につけたようです。その知識をもって、この『三教指帰』に儒教と道教についてたっぷり書きました。そして、仮名乞児をして仏教が真理を教える究極のものだと説いたのでした。

この世での出身地はあるけれど、これは仮のものだと教える仮名乞児の話を、虚亡隠士はすぐに理解できたでしょうか。なかなかむずかしかったと思います。

輪廻の話は、もっとわかりにくかったことでしょう。道教には地獄の思想はないのですから、驚いて質問します。

「地獄とか天とかいうのは何ですか。それに、あなたはどうしていろいろな物を持っているのですか」

仮名乞児は答えます。

「何ぞ決定（けつじょう）の天・獄有らむや」

天国とか地獄とか決まったところがあるわけではない。仮名乞児の、この言葉は、お大師さまの終生変わらぬ教えの基本なのです。

それは、「自分の心」が決めることだというのです。行為が善くなければ、その報いとして、地獄の鬼どもが自然に出現して苦しみを与える。心の用い方が善であれば、金銀でできた楼閣が急に天から飛んできて、甘露を授けてくれる。

「心を改むることすでに難（かた）きのみ」

自分の心を改めるところに、天国は出現すると、仮名乞児は仏の教えを説いたのです。そして、お釈迦さまは人々を救おうという誓願を前世から立ててこの世に現れ、覚りを開いて人々を教化したのだと、説きました。人だけではない、「有縁（うえん）」の竜神さえも教え導いたのでした。

仮名乞児はさらに続けます。

しかし「無福の徒（ともがら）」は身分の上下にかかわらず、仏さまの世界の至福を知らずに、蓼（たで）を食べているのに辛いこともわからず、厠（かわや）に住んでいても臭いことに気がつかない。

お大師さまが、この『三教指帰』を著したのは、まだ唐にわたる前のことでした。しかし、ここに説かれている仏教の教えは、後の『十住心論』をはじめとする密教思想とブレがありません。

密教を求めて唐に行く前から、すでにお大師さまは密教の基本を究めていたのだと、私は受けとめているのです。

目に見えている外見や出自で人を判断することは、じつは何も見えていない「無明」の状態にあるのだと、仮名乞児は説いています。そして、いろいろな物を持っていると言われたことにも答えます。

「私は、お釈迦さまの後を追って、弥勒菩薩のおられる兜率天に向かうところですが、道中は苦難が多くて、道にも迷います。同行の従者の何人かは泥の中に沈んで溺れ、いつ抜け出せるかわからない。ある者は、馬車や車を駆って、すでに出発している。私は、いま細かい道具を捨てずに、ただ一人旅を続けているところです。食料が尽きたので、この門のところまで来て、必要なものを乞うているのです」

おそらく、それは日々の旅暮らしに必要な道具であったのでしょう。必要なものだけを持っていればよいのです。それぞれバラバラな形をしていてもよいのです。お大師さまは、十代で出家されてからずっと、弥勒菩薩のおられる兜率天への旅を志していたのです。

●智慧と慈悲を備えた仏の心がなければ生命を救うことはできない

仏道を求めて困難な旅をするといえば、どうしても「西遊記」に思いがいたります。「西遊記」の孫悟空は、タオの呪術を駆使しています。しかし、その術にたよってイタズラをしたり、奢ったりするので、ついに岩山に封じ込められてしまったのでした。三蔵法師が、インドに経典を求めて旅立つことになって、観音様は孫悟空にお供を命じました。

旅の初めの頃の孫悟空は、まだまだ乱暴者の一面を捨てきれずにいましたが、やがて三蔵法師に心酔して、敬虔な仏弟子になります。

孫悟空は、仙人の術に巧みでしたが、精神はまだ未熟でした。仏さまは、精神を磨いてその術を世のため人のために使うようにと教えたのでした。

孫悟空が宇宙の果てまで飛んできた、と思ったら仏さまの手のひらにいるだけのことだった、という有名なお話があります。三蔵法師は、慈悲心を孫悟空に教えたのです。お大師さまが『三教指帰』で説いているのも、儒教や道教では生命を救済することはできない、仏さまの教えこそ、人を人として生かす道なのだと、教えたのです。

どれほど学問の知識を得ようとも、礼節を知ろうとも、自然の法則に則った技を持とうとも、智慧と慈悲を備えた仏さまの心がなければ、生命を救うことはできないのだ、と。まだ二十代の若さでその境地にいたった、お大師さまの修行がどれほど深いものだったか、私は感動を覚えます。

これは現代にも十分に通用する教えです。原子力のことに重ねると、よくわかります。原子力という大いなる力は、平和利用すれば人類を救うことができますが、核兵器として悪用すれば一瞬にして人も都市も国家も破壊するパワーをもっています。

持てる「技」をどのように生かすのか、二十一世紀のいま、人類の智慧が問われているのです。

人類は膨大なエネルギーを消費して、便利な生活を送るようになったのですが、これを支えるのが原子力発電でした。火力発電のようにＣＯ$_2$を排出しない原子力発電は、放射能汚染の危険があるのですが、危機管理は充分だったのかどうか。東日本大震災で福島原発が事故を起こしたことは、世界に大きな教訓を残しました。

儒教は、現実社会のルール造りといえますから、目に見えるものを基準に考えます。形を重んじます。世の中の仕組みを整えることによって、社会の安定を図ろうとするのです。そのために、人間の「徳」を磨くことを教えます。しかし、現実の世界のことだけを考えていたのでは、どこかに矛盾が生じてきます。この世にあって、完璧な解決方法はないのです。

道教は、それとは逆に、といってよいでしょう、形式を捨てて自然の中で生きることを最上と考えます。しかし、人間が社会性を持つ生き物である限り、一人だけで生きるわけにはいきません。社会生活を送る人たちをそのままにして、自分だけ仙人暮らしをするのでは人類を救うことはできません。また、自分自身を救うこともできないはずです。

生命は互いに結び合って大きな網をつくっている、とお大師さまは繰り返し教えてきました。そのネットワークを結ぶ糸を絆というのであります。

「私」は、周囲の「他人」とつながっている、その「他人」は、またほかの人々とつながり、さらにはさまざまな生命とつながっているのです。

仏さまの心とは、究極は「人のために尽くすことができる心」です。そんなのは嫌だと思っている間は、なかなか仏さまにはなれません。

●人は誰でも人助けをすると満たされた気持になる

大震災で、世界中からさまざまな人たちが日本にやってきて、助けてくれました。各国や各機関のリーダーたちもやってきました。災害救助隊員、医師や看護師チーム、原発事故の処理を手伝う専門家たち、それに米軍の全面協力もありました。

米軍は地震発生の直後から空母を現地に派遣して、救援ヘリの発着拠点としました。「トモダチ作戦」と名付けて沢山の兵員や器材を投入してくれました。その若いアメリカの兵隊たちが、生き生きと喜んで支援活動をしている様子を、意外に思う日本人も少なくなかったと思います。

これまで、日本国内でも海外でも、兵士たちはいつもきびしい表情を見せている印象があったのです。そうか、人助けをして感謝されると、人は誰もこんな笑顔を見せるのか。テレビに映る彼らの表情に、そんなことを感じたと、友人が語っていました。

どこの国の出身者か、どんな職業についているのか、などは関係ないのです。人は誰でも人を助ける仕事をしているとき、満たされた気持ちになります。全力を出して、困った人を助けようとするものなのです。

自分だけの幸せなどはないのです。自分の住まいだけが安全だと思っていたのでは、ほんとうの安全はありません。

東日本大震災は、日本人の精神を変えたようでした。いや、もともと持っていながら眠っていたものが、大震災のショックで目覚めたのかもしれません。

それは、助け合いの絆でした。

大きな支援の輪が日本中、いや世界中にできました。混乱も少なくなく、万全の救援ができているとはいえなかったようですが、しかし、私は日本人の心持ちが大きく変わったように思います。

かつて、昭和元禄やバブルなどと呼ばれて繁栄を謳歌していた日本では、ボランティア活動が育たないと言われました。無償で他人のために身を尽くすなど、「もの好きな」と奇異な目で見られる風潮があったのです。

それが一変したのが、阪神淡路大震災でした。たくさんの若者たちが被災者たちの支援に参加し、やがて新潟の中越地震、各地の洪水被災地などで、活発なボランティア活動が展開されるようになったのです。

まだまだ、不備はたくさんあろうかと思いますが、たとえば助けられた土地の若者たちが、今度は助ける側にまわるということも多くみられました。

誰かに命じられて行くのではないのです。すべて「手弁当」で、困っている人を助けに行く。とりわけ、若者たちが、ボランティア活動とはなにか、どうすれば本当の人助けになるのかを、大震災は教えてくれたのです。

このように悲惨な災害は、多くの教えを広く伝える結果となりました。まずは、被災者への支援を思う日本人の気持ちが、一つになったと、私は感じています。なかには不心得者がいて、被災地で物を盗むという困ったことも起きているようですが、それはごく一部のことで、誰もが自分にできることをしたいと思って、義援金を送ったり、救援物資などを都道府県の窓口に届けています。買い溜めが起きそうになりましたが、間もなく静まりました。

「計画停電」という、戦後長らく忘れていた停電の実施、鉄道の不便も、首都圏の人たちは受け容れています。

●日本人が本来持っていた「ありがとう」と言える豊かな生命力

ルース駐日大使が避難所を訪れて、「人間の素晴らしい精神力」に感動したと挨拶していました。世界が驚嘆しているのは、大災害に遭った日本人の冷静さ、道徳心の高さ、絆の深さ等々、人間力の大きさでした。被災者から、どれほど「がんばる」という言葉を聞いたことでしょう。

被災された方々がテレビカメラを向けられるたびに、「ありがとう」という言葉が聞かれました。命が助かったこと、多くの人々に支えられていること、つらい悲しい体験を語りながら、涙を流しながら、「ありがとうございます」と頭を下げる人々の、なんと尊い姿を見せていただいたことかと、私は感動しています。

「ありがとう新聞」という半紙ほどの大きさの、手作りの「新聞」がありました。被災した小学生たちが、懸命に避難生活を支える教師に贈ったものでした。

生きてきた空間も親しい人々も根こそぎ失いながら、なお「ありがとう」と言える被災地の方々の豊かな生命力は、日本人が本来持っていたものでした。豊かな自然、家族や地域の絆が、そうした感受性を育てていたことを、無惨な姿になってはいるものの、海と山に囲まれた被災地の映像を見て、私は思い知ったのでした。

震災が発生してから、テレビのコマーシャルが一斉に変わりました。広告機構による統一された内容が何種類か、どの局でも流れるようになりました。なかでも、金子みすずの詩の一節で作ったコマーシャルが人気で、詩集も売れたそうです。

「遊ぼう」といえば「遊ぼう」という……、こだまのようにこちらの言葉が返ってくる友達同士の心。それは、こだまなどではなく、「誰でも」と、詩は結びます。そして、やさしい言葉をかければやさしい言葉が返ってくるのだと、コマーシャルは語りかけているのです。

これはいいなあと、私は思いました。犠牲者たちが苦しみと悲しみの中から、遺された私たちに贈る、「いのちの心」がここに込められていると、感じたのです。

●何もなくとも、前に進む勇気があれば大丈夫

さて、仮名乞児は、何を持って歩いていたのでしょうか。気になります。経典はもちろん、仏具は何を持っていたのでしょう。鍋釜などの炊事道具は持たないでしょうか。

旅は身軽にというわけにはいきません。しかし、それは定住生活を送る人たちの生活用具を思えば、シンプルなものであったはずです。整った便利な道具というわけではないでしょうが、人が日常を生きていくために必要な物であるはずです。

大震災のすぐ後で、柳田邦男さんのインタビュー記事を新聞で見つけました。

「はっきりしていることがある。災害、巨大事故、加えて薬害、公害。こうした分野においては『効率主義』は危険だということです」（平成二十三年三月二十九日付け『毎日新聞』東京版夕刊）

バブル崩壊によって、企業は生き残りを賭けて効率化を図りました。しかし、効率化とは、前もって予測したりしながら、計画を立てることであります。無駄を省くとして、災害対策に余裕が持てなくなって、安全を忘れてしまったのです。

「どんな組織・システムにも遊びや余剰部分があってこそ、安全を保てるのです」

柳田さんは、そう指摘しています。効率が悪くてもよい。確実に、使える道具を作りたいというのが、職人の願いなのです。

大震災が教え遺してくれたものは大きいと思っています。とても、短い時間でお話しきれません。

もう一つだけ、お話しましょう。新聞の投書欄で見つけたものです。「親を亡くした子にひと言」というタイトルです。投稿したのは、東京都町田市に住む八十四歳の女性です。

「私は六十六年前の引き揚げ孤児です」

投書は、そんな書き出しです。弟さんと共に引き揚げてこられたのですが、ご両親がどのような最期を迎えたのか、わからないということです。

「私は何も持って帰れませんでしたが、孫が五人、成長しました。生きて帰ってよかったと思えます」

（「朝日新聞」平成二十三年三月三十日付け）

何も持たずに帰国できた、生きていこうという精神力だけで、戦後を生きて、いまは孫に囲まれて平穏な生活を送っていらっしゃるのです。何もなくとも、前に進む勇気があれば、大丈夫だと、投稿者は被災者に伝えたかったのです。

仮名乞児の姿は、逆境の姿ともいえます。私は、お不動さまの姿を仮名乞児に重ねています。お不動さまは、古代インドの最も身分の低い人たちの姿をしています。アーリア人がやってきて奴隷にされた、先住民族のリーダーだったともいわれています。

そのお顔は怒りの表情ですが、悲しみを湛(たた)えているようにも見えますし、大きな慈悲で包み込んでくれるような温かさに満ちているようでもあります。みな、不動明王像の前に座った人たちの心のありようで、お不動さまの表情は変わってみえるのです。

逆境にあってこそ、人は人の苦しみや悲しみを感じます。「同悲」は、行の原点でもあります。

●密教こそが生命と宇宙の仕組みを教えてくれる

仮名乞児が、空腹を抱えたみすぼらしい姿で、しかし仏道を求めて歩くのは、物質や出身などにこだわらない修行中の姿ですが、神仏や聖者が最も貧しい姿で人々の前に現れるお話は、古今東西にあります。最も辛く生きている人たちと苦しみを共にしようという「同悲」の行いであります。

仮名乞児とは、その姿から見れば、仏さまの化身であると解釈できるのです。仏さまが真理を説いているのです。そして、仏さまとは、遠いところにおられるのではなく、我が心にあり、他者の心に在るのです。

「よく心を知ればこれ仏なり」

心は仏さまそのものです。『一切経開題』で、お大師さまは教えています。

「いま、ここで」

それが、お大師さまの密教、即身成仏の本質です。この世に生きる、あるがままの自分の心のありようと、それを素直に認めることができる智慧とが、即身成仏です。

なぜ密教でなければならないのか。密教こそが私たちの生命と、私たちが生きていることの宇宙というものの仕組みを教えてくれるものだから、とお大師さまは繰り返し教えてきました。

いま、地球のバランスが少々崩れているようです。大きな宇宙のバランスが乱れているから、地球も一人一人の小宇宙も乱れを見せるのでしょうか。それとも、小宇宙の心が乱れているから、大きな宇宙や地球に乱れが見えるのでしょうか。

大震災と原発事故によって、日本のありようは大きく変わりました。国家や社会の変化はそのまま一人一人の精神にも大きな影響を与えています。これから、日本はどのような道を進もうとしているのか。一人一人の心が問われているのだと、私は思っています。

天災は、これ一つで終ったと油断してはなりません。しかし、そのような苦難がやってこようとも、これを乗り越える力が、私たちには備わっているのです。

災難を受け容れることから、再起の力は生まれます。少しの希望を見つけたら、その希望の芽を育てることに心を使うことが、生きる力の元になります。ともに災難にあった生命に、「同悲の心」を持って生きる人は、きっと復興する強い力を授かるでしょう。

仏さまの化身である仮名乞児は、どこにでも現れましょう。思いがけない姿で、思いもよらない「出会い」を作って、そこここに現れて、私たちを戒め、導いてくれるはずです。

「縁」が、私たちに道を教えてくれると信じて、日々を大切に生きましょう。

第十章

生死の苦源から覚りの安楽へ

●こだわりを捨ててごらん。この世の風景はすべて幻だとわかる

人が生きるということは、喜怒哀楽の繰り返しであります。感情が、私たちの暮らしを彩りますが、穏やかなときばかりではありません。怒涛のような感情の波に翻弄され、我を忘れて海の底に沈み、あるいは高波の頂点へと放り上げられてしまうこともありますが、波が鎮まれば、激動の時はまるでなかったかのように平穏な海原と戻ります。

荒れ狂おうと、安らぎを与えてくれようとも、海は海であり、水は水であります。生命とは、何があっても変わらずに前へ前へと進みます。嵐は仮の姿、海が見せる変幻でしかないのです。

感情を自分の本心だと勘違いして、振り回されることのないようにと、仏さまは教えています。仏さまが、この世は仮の姿であると教えるのは、このようなことであります。

しかし、教えられてもなかなか実感することはできません。人は、感情もまた自分の「実像」の一部だと思って生きているのです。生きる自分の姿を、少し離れたところから眺めてみると、思いがけない発見があります。

私たちは、この世に肉体を持って生まれ、生きています。まことに不思議なことに、毎

日、誰が命令するのか、目覚めて動いて働きます。病気の人も、どこかが動いて働いています。

身体の働きが停止すると、私たちの肉体は滅びます。潜在意識にはいつも死の恐怖があります。それが、仏の道を知らずに歩いている人たちの、ごく普通のありようです。

生命の旅の地図を開くと、肉体は永遠の存在ではない、ということが描かれています。肉体を持った生命だけが、私たちの生命ではない、肉体を持った生命はかりそめの姿であることを、まずは知りましょう、という教えです。

固定観念を取り払って、新しい道へ進むと、風景が変わります。乱視の人が眼鏡をかけたら、高さや道の幅を正確に認識できるようになった、と聞きますが、固定観念を取り払うと、そんな変化が起きてきます。

これまで深い谷だと思っていたものが、おや、案外楽に降りていけそうだと知ります。降りてみれば、底に流れる谷川の水に、険しい山道を歩いた疲れが癒されて、元気を取り戻すことができます。

あるいは、近くに見えた峰を目指していたのに、行けども行けども深い森が続いて、道に迷ってしまったのではと不安に思っていたところに、ふっと森のけもの道を見つけることができるのです。

生命の旅の風景を正確に観るために、捨て去らねばならない意識、それは「我執」です。

こだわりを捨てて観てごらん、「この世の風景」はすべて幻だとわかってくるよ、とお大師さまは説くのです。

最近は、バーチャル・リアリティという言葉があるように、立体的な映像が創られるようになったので、現実に見えても幻だという感覚が多少はわかりやすいと思いますが、それでも、こんなに実体があるのに、どうして幻なんだ、それでは犯罪を犯してもリセットできると思っている最近の子供たちと同じになってしまうではないか、と感じる方もおられましょう。

触れる感触、嗅ぐ匂いなど、私たちは日々あらゆる感覚によって物の存在を確かめながら生きていますから、そうした存在がすべて幻だよと言われても、なかなか実感としてわかりません。

●一瞬は二度と帰ってこない人生の時間

仏教の基本に「無常観」があります。

無常とは、この世は幻であるというところが強く取り上げられて、厭世気分や世捨て人の気持ちを表していると捉えられがちです。しかし、「常は無い」という本来の意味に立ち返れば、「同じこと、同じ時は無い」という生命の本質を表している言葉なのです。

私たちの肉体を作っている細胞は、常に生まれては死んでいます。そうして変化しながら、私たちは生きています。変化しているので、老いがあり死に到ります。変化していることが「常」、当たり前なのです。

動いているのが、生命のほんとうの姿であります。寿命とは、一呼吸の間だという、お釈迦さまの教えや、「一期一会」の教えは、私たちが過ごす一瞬は、全ておろそかにできない、二度と帰ってこない、かけがえのない人生の時間だ、ということを説いているのです。

私たちが、何気なく使っている言葉には深い教えが込められています。家に帰ったときに「ただいま！」といいますが、これはそのまま「只今」が生きている大事な瞬間であるという意味です。いま、ここにいる自分自身を確認しながら生きていくとき、私たちの人生はつながります。

遠い宇宙からやってきた生命が変転を繰り返しながら、いま、ここに私たちとして生きているのです。

大事なのは、その「いま、ここにいる」自分の心であると、お大師さまは教えました。「阿字の子」である、生きとし生けるものたちが、宇宙のふるさとからこの星にやってきて、闇に迷っているのです。「死」というやり直し地点を何度も通過しながら、宇宙のふるさとへ帰る旅をしているのです。

その旅のガイドブックは、自分自身の心、「自心」にあります。大師さまは、「心」という大いなるものについて、日本人に教えました。生老病死という人間の「苦」とは、じつは「心」を磨く、生命の旅の道しるべなのだと、私は思っています。

私の母は、私にとって行の先達でありました。「行はつながっていなければならない」と、私にきびしく言っておりました。若いときには、その意味がよくわからずに、一つの行を終えますと、解放された気分になり、すっかり羽を伸ばして遊んでしまいました。母にとってはなんともはがゆいことだったことでしょう。それでは、せっかく行によって生命に得たご利益を無駄遣いすることになってしまいます。

生命が一瞬の積み重ねによって生涯をまっとうできるように、行も日々の積み重ねによって、より大きなパワーを得ることができるのです。それが「無常」を知るということでもあります。

東日本大震災は、多くのことを教えてくれました。たいせつな言葉が、テレビでも繰返し報じられて、私たちの胸に沁み込んでいきました。JR東日本のコマーシャルでもずいぶん流されました。そのなかのひとつに、「つながる」という言葉がありました。線路が人と人とをつなげるというわけですが、人と人とのつながりが、生命力にとってはとてもたいせつなことです。

私は、最福寺の行事には必ず参加者の輪をつくります。手をつないでできた人の輪に、私は元気のエネルギーを送ります。言葉の綾ではなく、手をつなぐことで人と人との気脈ができていくのです。

●仮名乞児が勇気を奮って説いた「無常の賦」

さて、『三教指帰』は、いよいよ仮名乞児が仏さまの教えを説き始めますが、亀毛先生や虚亡隠士たちの目を覚まそうとして、衝撃的な説法を始めます。

昔の人たちには、体を作っている細胞と言っても通じません。人間の体が劇的な変容を遂げることを説いて、生命が生まれて成長して老いて死に到る変化を、生きるということだと教えたのです。

まずは仮名乞児が勇気を奮って説いたのは「無常の賦（ふ）」です。これは、物はみな全ていつかは消えてなくなる、という終末論からはじまります。

どのような変化が人々にもっとも衝撃を与えるのか。それは、美しかった女性が死ねば、その肉体は腐敗して白骨になる、という変化でした。

永遠と思える山や谷も、地震など自然の災害によって崩れ、消えてしまいます。太古の昔のことではありません。先ごろの東日本大震災では海底の地形さえ変わり、日本列島が動いたことを知りました。世界各地で起きている天災は、地球の姿を変えていますし、温暖化によって緑が広がっていた大地が砂漠化していることは、よく知られているところです。

「高くそびえ天の川まで届こうという須弥山も、劫火に焼かれて灰となり、四海の水は深く遠く果てしなく広がっていると見えるけれど、いくつもの太陽に曝されて干上がって消えてしまう。大地も洪水で壊滅してしまう」

このような終末論は、ほかの宗教や神話にも多々みられます。「ノアの方舟」の伝説は歴史上にも証明されている大洪水の記憶によるとされます。古代には、幾度も大きな洪水によって都市や村々が破壊されたことでありましょう。アトランティスの伝説もまた、空想だけではなく、大きな島か大陸が沈没する大惨事があったと推測されます。

最近の研究で、一万年以上も前に、小惑星が地球に衝突して、恐竜たちが絶滅したという説が唱えられるようになりました。その痕跡がいくつか残っているようです。

また、最近話題になっているのは、「二〇一二年問題」です。マヤ文明は、中南米に栄えたものですが、天文学に優れた文明として知られています。その暦は現代に使われているものよりも精密なものだそうですが、二〇一二年十二月までしか刻まれていないのだそうです。

つまり、地球の運命は、そこで終わるのではないかという終末論が、しばらく前から流布しています。マヤ文明には長期的な暦があり、そのひとつの暦が来年終わるにすぎない、という説もありますが、しばらく前から続く温暖化や、大震災や大津波、大竜巻や洪水の頻発などが、そうした終末論に注目する不安感につながっていることはたしかでしょう。

古代インドの神話にも、世界の滅亡が書かれています。おそらく、人類は幾多の災害を体験し、廃墟のなかから再び立ち上がって、今日まで生き抜いてきたのだと思います。その災害の記憶を教訓として生き延びる過程で、その記憶の断片が神話として語り継がれてきたのです。

●人は誰も独りで生まれ独りで死んでいく

仮名乞児は、さらに語ります。

「八万歳を数える長寿も稲妻のように消え、心を自由に遊ばせる神仙の長い命も雷のように一瞬に終ってしまう」

これは、儒教や道教が説く理想の姿を指しています。そして、仮名乞児は続けます。

「まして、我々人間が授かった肉体は、金剛石のように堅固ではなく、瓦礫のように砕けやすいものである。身体は、水に映る月のようなものであり、万物を構成する元素はみな無常である。

生老病死などの人生の苦しみはいつも心の源を悩ませ、貪（とん）・嗔（じん）・痴（ち）の三毒の煩悩の炎はいつも燃え盛っている。このようなもろい体は、仮の命が終る時には飛び散ってしまう」

こうした仮名乞児の言葉を借りながら、どれほど美しい女性でも、死ねば肉体は腐って朽ちていくのだと、お大師さまは説くのです。これは仏教の教えでありますが、同じような説話は、ギリシャ神話にも、日本の『古事記』にも登場します。人類は、人が死ねば肉体が滅びることを、さまざまな教訓や神話のなかで伝え、生命とはなにかを考え伝えてきたのです。

それでも、私たちは生きている絆を大切にして、愛し、慈しんで暮らします。憎んだり恨んだりもしますが、そうした絆によって、私たちは生かされているのです。

ただ、生きる者は必ず滅び、出会った者は必ず離れる。仏さまの教えは、ここに極まるのです。この世とは、生命が形になって表れる世界です。形は、時がくれば消えるものですが、じつは生命は消えない。それも仏さまの教える真理です。

人は誰も、独りで生まれ、独りで死んでいきます。人は生まれた瞬間から死に向かって歩くもの、誰も「死」という平等の境遇を避けることはできません。それなのに、死はどこか遠い世界だと思ってしまいます。そうではないのです、死とは生の後ろにいつもともにあるものなのです。

●聖者と死者とは背中合わせ、仏さまの世界は生者の内にある

私は、日本人の死生観について研究し、博士論文としました。きっかけは、肉親の絆の深さを考えさせられることが、何度となくあったからです。我が子が死んでしまった母親が、「まだ、この子は温かい」と、亡骸を抱いて離さなかった姿は、いまもありありと思い浮かぶほど、峻烈な印象でした。

調査の結果、日本人の意識には仏教だけでなく、儒教の影響も少なからず見られることも判明しました。遺体を傷つけたくないという発想は、その結果だと分析しました。しかし、それはあくまで、遺された者の感情です。死にゆく者は、どんな考えでいるのだろう。私が慰霊の祈りを捧げるのは、死者たちの旅立つ心を癒したい一心からです。

このほどの東日本大震災でも、津波によって行方不明になった方々の遺体を捜す努力を、肉親ばかりでなく、警察や消防隊員たちが必死で続けました。また、自衛隊や米軍までも動員されました。

小学生の娘の遺体を捜す両親のもとに、発見の報せが届いたのは、四十九日の合同法要が営まれた直後のことでした。高台のお寺にいた両親のもとに、捜索にあたっていた警察

から連絡が入ったそうです。それまで毎日、両親は現場に娘の好物を置いて祈っていたそうです。その日も同じようにしていたのでした。

「きっと、みんなの祈りが通じたのです」と、両親は遺体発見の報せに安堵していました。亡くなったとはいいながら、霊となっているであろう娘に生きているときと同じように呼びかけていたのです。親心の深さを感じるお話でありました。

私は世界の平和を祈るとき、死者たちの心が安らかであれと願います。生者と死者とは背中合わせ、仏さまの世界は生者の内にあるのです。

私たちの肉体は滅びて、何度も生まれ変わり、死に変わって、その短い生涯の間に、芥子の実でいっぱいの広いお城から、芥子の実を一粒ずつ取り除くような長い時間をかけて、煩悩を取り除いていくと、ようやく仏の世界に入ることができるというのが、顕教の教えです。

ところが、お大師さまが教える密教はそうではありません。密教の修行をすることによって、私たちはこの世でこの身体のまま、仏になることができるというのです。

●行き着く先には必ず「死」がある

行者は、厳しい行によって瞬間ごとにくりかえされる「死」と「生」の再生を体験します。すべての細胞のはたらきが停止したかと思う「死」の瞬間、しかし無我のなかで仏さまと一体になる歓喜が押し寄せます。ハッと我に返るとき、身体のすみずみまで細胞がよみがえり、よみがえった細胞によって元気な生命力を感じます。

「死」は、この世の終着駅ですが、さて、その先に旅路がどのようなものか、わかりません。よく「あの世は、どんなところですか」と尋ねられますが、確かな答えは出せません。しかし、その終着駅に、どのように到着したらよいのか、その道しるべは仏さまが教えてくださいます。

「無常の嵐は、神や仙人でもまぬがれることはできないし、人の精気を取る悪鬼は身分の上下を問わない。それをのがれるために財宝をもって買収することはできないし、また権力をもって命を延ばすこともできない。寿命を延ばす神丹を千両のんでも、人を生き返らせる不思議な香を百石焚いても、片時も生命を留めることはできない。誰でもあの世にいかねばならない」

仮名乞児「無常の賦」をこう締めくくっています。

儒教の教えを守り、徳を積んで人に敬われて長生きしても、道教が説く自然のなかに神仙として生き、超能力を得て寿命を延ばしてみても、前へ前へと進む生命を留めることは誰にもできない。行き着く先には必ず「死」があるのだと、仮名乞児は断じました。

仏さまは、生命の本質を「平等」と「差別(しゃべつ)」だと教えます。そのことを、もっともよく表しているのが、「死」でありましょう。

人は、誰もがみな必ず死にます。死は、全ての生命に平等に訪れます。しかし、交通事故で亡くなる人がいれば、大往生する人もいます。非業の死に倒れる人、家族に看取られて亡くなる人、大災害の犠牲に倒れる人、その死に方は千差万別で、みなみな違う「差別」があります。

必ず迎える「死」なのに、自分がどのような死に方をするのか、考えたくないという人の方が多いものです。

この世は、闇の中を手探りで歩いているようなもの、一寸先はわかりません。もっともわからないのが、自分がどのように死ぬのかでしょう。未知の世界に、地図も持たずに一人ぼっちで出かけるのです。

だからこそ、人は「死」を恐れます。準備もないままに死んでしまうことの恐怖、どこに行くかわからない不安。「死」は人間に恐怖と不安を与えます。

●いま、生きている自分が充実していれば、死を安心して迎えられる

新渡戸稲造（にとべいなぞう）は、「武士道」を欧米に紹介して注目された思想家であり教育家です。幕末に南部藩士の家に生まれ、維新直後に多感な青年期を送り、英語学校を経て札幌農学校に学びました。「少年よ、大志を抱け」と言ったクラーク博士の学校です。農学校の教育はプロテスタントとしての人格形成に重点が置かれ、新渡戸はやがてキリスト教徒になります。

己を律して、勤勉に質実剛健に生きるというプロテスタントの教えが、武士道をバックボーンに育てられた新渡戸にとって共鳴するところだったのでしょう。

興味深いのは、「仏教は武士道に、運命に対する安らかな信頼の感覚、不可避なものへの静かな服従、危険や災難を目前にしたときの禁欲的な平静さ、生への侮辱、死への親近感をもたらした」と書いてあることです。

「武士道の究極の理想は平和であった」と、新渡戸は書きました。刀は勇気の象徴であり

自尊心と責任感とを与えるものだった、と説いています。磨き、鍛えぬいた力を、むやみに使わないための忍耐こそ、武士道の真髄だと私は考えています。死を意識して生きる、その緊張感が精神力を鍛えます。むやみに力を誇示したり、刀を振り回すのは臆病者です。武士道の奥底には、「死への親近感」と、死への覚悟が存在しているのです。

密教の教えとは、厳しい行によって得る力を、正しく使うことを教えるものです。鍛えなければ、その力を授かることはできません。しかし、いたずらにその力をもてあそべば、闇に落ちて這い上がることはむずかしくなります。その闇は、力の無い者よりはるかに深いものになります。高い山に登る技術を持つ登山家ほど、あるいは深い海に潜ることができる潜水家ほど、わずかの油断もゆるされないのと同じです。

緊張して死を考えることとは、精神を張って生きることです。いま、生きている自分が充実していれば、死を安心して迎えることができるはずです。

●現世で仏に成って安心を得る

「虚しく来たりて充ちて帰る」

お大師さまのこの言葉は、人生の一瞬一瞬を充ちて過ごしなさい、そうすれば死ぬときも充ちた心で迎えることができます、という教えです。「ただいま、このとき」をおろそかにせずに生きなさい、この世をよりよく生きましょう、というのがお大師さまの教えなのです。

そのために、お大師さまは、現世の社会をよりよいものにしようと努力しました。願って、祈って、実践すれば、願いは叶うとお大師さまは教えました。生より死後の世界が安楽だとは、説いていません。現世で仏に成って、安心を得るのだよ、と導いておられるのです。

しかし、お大師さま以後の日本の中世仏教は、来世思想に変化を遂げていきます。庶民に仏教が広まる過程で、庶民が苦しい日常生活を耐えるには、来世の幸せを願うしかなかったからだといえるでしょう。中世の庶民は飢餓と戦乱に苦しめられながら生きました。念仏を唱え、あるいは真言を唱えながら、いつしか苦しい現世ではなく、来世に夢を託して生きたのだと、私は考えています。「同行二人」、いつも共に歩いてくださるお大師さまへの信仰は、そんな庶民の日常の救いになっていたのです。

ともかく、日本人にとって「死」は暮らしとともに在る親しい存在になりました。西欧のように、死は生の終わりではなく、日常の延長として在ったのです。武士にとっては、究極の選択として、庶民にとっては苦しみから解放してくれるときとして、受け容れやすいものだったのです。

それでは、お大師さまは、死についてどのように書き残しておられるのでしょうか。

「吾れ生期今幾ならず」

お大師さまが、ご自身の「死」を、こう表現します。弟子たちに『御遺告』を遺しましたが、そのなかの一節です。この世に生きる期限が残り少なくなった、というのです。

「吾れ永く山に帰らん」

私は、永遠に高野の山に帰ろうと思う。

そう、宣言し、さらに入滅は、「今年三月二十一日寅刻」と予告しました。すでに、お大師さまは穀類を摂らずにいましたが、それは仏さまの真理を永く栄えさせるためのすぐれた方法だ、とも語りました。

お大師さまは「死」という言葉は、使いませんでした。滅するのは、肉体であり、生命そのものは永遠のなかに生きていると、お大師さまは教えたかったのです。

「生は無辺なれば
行願　極莫し」

これは、師の恵果和尚の「入寂」を悲しむ碑文の一節です。ここにも「死」の言葉はありません。

「生まれ生まれ生まれ生まれて生の始めに暗く、
死に死に死に死んで死の終わりに冥し」

あまりに有名な『秘蔵宝鑰』の言葉です。

死は生への入り口だと、私はこの一節に触れて実感します。

●地獄はどこにあるのか

「死」についてのお話が少し長くなりました。仮名乞児は、「無常の賦」から「受報の詞」に移ります。

それは恐ろしい地獄の様相からはじまります。現代訳でその描写をお伝えしましょう。

「死骸が草の中で爛(ただ)れて崩れてしまい、魂は地獄のたぎる釜の中で煮られて、とても思うようにならない。

あるときは鋭く尖った刀剣の山に投げられて血が流れしたたる。あるときは高い鎗の山に刺され胸を刺し貫かれて苦しむ。

あるいはまた非常に重い火の車に轢かれ、あるいは底なしの冷たい川に沈む。あるいはまた煮えたぎる釜の湯が腹に入っても焙られ、あるいは火になった鉄が喉に流れこんで、片時もまぬがれる方法がない。

およそ飲み物というものは永久に名さえ聞くことができないし、ほんの少しの食物さえ何万年の間にもとれない。

獅子や虎や狼が口を開けて歓んでとびあがり、馬の頭をした獄卒は目をみはって襲撃してくる。泣き叫ぶ声が毎朝空に向かって訴えるけれども、罪人を許す閻魔王の気持は毎夕消え失せる。閻魔王に頼んでみても、地獄の人々を愍れむ心はまったくない。妻子を呼んでみても、そのすべはもうない。財宝をもって買収しようにも、珠玉はひとつももっていない。逃げて苦痛をまぬがれようと思っても、地獄の城壁が高くて超えることはできない。ああ、苦しいことだ。ああ痛ましいことだ」

地獄で苦しみに合うのは「生前に努力しない」からであり、生きている間に「つとめ励まなければならない」としています。因果応報を説いているのです。

地獄はどこにあるのでしょうか。お大師さまは後年、すべては「心」にあると説いていますから、地獄も「心」にあることになります。この地獄の描写は、若きお大師さまが学んだ仏典によるものでしょう。お釈迦さまが説いた原始仏教は、因果応報の説話が多かったのです。

それにしても、すさまじい光景が、これでもか、これでもかと続きます。これらは、想像の産物ではないと、私は考えています。人間は残酷になれる生き物です。古代ローマでは競技場で奴隷を獅子と闘わせて、観客が楽しみました。戦争での残虐な行為は、いくらでもあります。奴隷に対する酷い仕打ちも歴史に刻まれています。

現代もまた、世界のどこかで、ひどい目に遭っている人たちがいるのです。あるいは、大災害に見舞われたり、戦禍に遭っている人たちもいます。

そうした人たちが、みな因果応報で、悪いことをしたために苦しい思いをしているのかという疑問があります。果たしてどうでありましょうか。

●苦しみから解放されて安心の境地を得ることが「成仏」

内村鑑三は、明治・大正に生きた宗教家でした。無協会派のクリスチャンですが、大正十二年の関東大震災について、『主婦の友』に次のように寄稿しています。

これは、実業家の渋沢栄一が『万朝報』に寄稿した文について語っているものです。

渋沢栄一は、地震は自然現象だけれども、人はそこに天罰や天恵を感じとると書きました。「維新このかた、東京は全国の中心として発達してきたが、政治は犬猫の争闘場となり」と、世の中が頽廃した結果の「大災」だと指摘しています。

これに対して、内村鑑三は一応の賛意を示しながら、次のように述べたのです。

「私共は（此の天災の）犠牲と成りました無辜幾万の為に泣きます。然れども彼等は国民全体の罪贖わん為に死んだのであります」

そうして、世の中の人々が「国民の良心」を取り戻したのだといいます。そして、壊滅した首都を見ながら泣いて、「日本国万歳」を唱えたと、内村鑑三は書きました。

（読売新聞　平成二十三年四月）

悪いことをして災害に遭ったのではない。世の中の歪みを正す犠牲になったのだと、犠牲者を悼んだのでした。

そうだ、そのとおりだと、私は賛同するのです。戦争で亡くなった多くの人々の犠牲の上に戦後の平和は築かれるように、多くの大災害の後で新たな再生がなされます。

東日本大震災によって、多くの方が犠牲になりました。その方たちの因果がそのまま被災の結果を招いたのではないと、私は考えています。

社会全体が豊かになったが故に、どこかの陰で弛緩が生じていたのを、大震災が戻してくれたのではないでしょうか。そのために犠牲になった人々の霊を慰めるのは、私の使命です。

そうした災害とは別に、一人の人間が背負う暗い陰もあります。その陰によって、その人は心に「地獄」を抱えて苦しむのだと、私はお大師さまの教えを現代の世に生かしたいと説いています。その苦しみから解放されて安心の境地を得ることが、「成仏」ではないでしょうか。

因果応報とは、物事にはすべて原因があって結果が生み出される、ということですが、原因に縁が加わって初めて結果が出るのです。種のまま放置すれば枯れてしまうものがありますし、種を蒔いても芽が出ないこともあります。種から芽が出て花が咲くには、それなりの条件が必要なのです。その環境条件を縁というのです。原因があって、縁があって、初めて結果となるのです。

蒔かぬ種は生えぬ。蒔いたとしても、茄子の種にはかぼちゃは生りません。縁を得て蒔いた通りに花は咲くのです。

じつは、大災害や戦禍で犠牲となった人たちのなかには、聖者といっても良い人たちがいます。ただ、生きる志が半ばで断たれた無念は残っているであろうと、私は全ての霊を慰めて祈っているのです。

『三教指帰』に戻りましょう。

あまりに恐ろしい話に、亀毛先生たちは大きな衝撃を受けました。この表現がまたすさまじいものです。「梅酢が百石も鼻に入ったときのような酸っぱい思いをして、苦菜が数斗も喉に入ったように肝が爛れるほどの驚きです。あまりのことに、彼等は泣きむせび、胸を打って踊りあがり、地に倒れて、叫び声をあげて天に訴えた」というのです。

彼らは恐ろしさでびっくりした後、悲しみのあまり、とうとう気絶してしまったのでした。仮名乞児は、水瓶をとってまじないを唱えながら、顔一面に水をふりかけました。彼らはしばらくして息を吹きかえしましたが、まるで二日酔いのような状態に陥っていました。しばらくして、彼らは両眼に涙を流し、五体を地につけ、ぬかずいて礼拝して言いました。

「われわれは、今まで長いあいだ瓦礫のようにつまらない教えをもてあそび、いつも小さな楽しみにふけっていました。たとえて言えば、蓼喰う虫が蓼の辛いのに慣れっこになるようであり、また厠（かわや）のうじ虫が糞の臭さを忘れるようなものです」

そう言って、自分達が暗い道をどこへ行くかもわからずに歩いていたと、反省したのです。それでは行き先もわからず、地獄に落ちてしまう、と迷いに気づいた彼らは、「慈悲の教えを説いていただいたので、これからは正しいことを行います」と、仮名乞児に誓うのでした。

「吾今、生死の苦源を述べ」と、仮名乞児は、ここで仏さまの教えを説くことになります。それは「覚りの安楽」につながるものなのだと、教えるのでありました。

生きることは、「死」の迎え方を考える時間でもあります。お大師さまが、十七尊の菩薩に託して願ったのは、解放される喜びと安らぎです。死を迎えるとき、私たちはその安堵感を得ることができるでしょうか。それを目指して、私たちは生きているのだと、私は祈り続けています。

仏の慈悲と知慧に触れることは心が躍ること

●衣食が足りぬときに日本人が見せた共生の心

衣食足りて礼節を知る。儒教を説いた孔子の言葉です。人類は、長い間「飢えとの闘い」を生き抜いてきました。古代の社会では生きることが精一杯で、人々は飢えと背中合わせで暮らしていました。弱肉強食が横行し、力が強い者が弱い者から奪う世の中だったのでしょう。食べることや寝る場所の心配をしないですむようになって、人間はやっとルールに則った生活を送ることができるのだと、孔子は説いたのです。

たしかに、生活の不安が消えれば、人々は心のゆとりを得て、規則を守り、他者への配慮もできるようになります。

しかし、豊かになった後で、人々はまた別の「飢え」を感じるようになります。心の飢餓です。

戦後の日本を振り返れば、その手本があります。焼け跡で国民は餓死の危機を抱えながら復興に励みました。世界が驚くような経済成長を遂げて、「昭和元禄」と呼ばれる物質文明を謳歌することになりました。

浮かれているような社会の裏側で、「積木くずし」などという流行語が生まれたように、家庭崩壊の危機が広がっていました。崩壊しないまでも、親子や夫婦、兄弟の絆がもろくなっていくような風潮がありました。

金銭感覚がマヒするような消費経済の結果、バブルは弾けて、日本経済は不況のどん底に落ち、「失われた十年」と回顧される暗い時代がやってきました。失業率はあがり、社会の絆は断たれて、ついには「無縁社会」などと呼ばれる孤立の時代がやってきていました。

「ひきこもり」の若者が増え、あるいは老いた親の年金で暮らす子供たちは、親の死を隠してまで年金を受けとるような悲惨な状態が全国に見られるに至ってしまったのです。

環境汚染の問題も出てきて、自然を大切にしたいという気持も広がるようになっていましたが、まだまだ社会全体の気運に結びつくには至らない印象でした。

そこに、東日本大震災が起きました。日本中の人々が、巨大津波の襲来をテレビで見ていました。惨禍を生き延びた人々は挫けずに、再び立ち上がろうとし、その姿もまた広くメディアが伝えました。

被災者たちを支援する波は広がり、ボランティアがさまざまなお手伝いに馳せ参じたのでした。家族や地域や友人たちとの絆が、復興の底力になっていることを知って、それまで日本を覆っていた「無気力の影」が消えていったように思います。

避難場所で自分より他者のことを思いやる被災者、津波が迫っているのに家族や隣人を助けようと死力を尽くした人たち、救助を優先させて亡くなった消防団や警察官や医師や役場の人々……。尊い生命の営みが、後から後から紹介されました。「衣食」など足りないのに、礼節を守り、生命を守った人たちの何と多いことだったでしょうか。

そして福島第一原発の爆発事故が起きました。日本人はようやく、自分たちの生活の土台がどのようになっているのか、よりよい未来を創るためには何をすればよいのか、と考え始めたのです。個人の幸せから社会のみんなが幸せになることを考えるようになったのだと、私は受け止めています。

道教は、自分を磨くことを追究しますが、全てを救うところまでは、なかなか至らないものだと、私は説いています。自然と一体化して超能力を得ても、その力を人々の幸せのために使うのでなければ、それは自己満足で終わってしまいます。超能力というものは、他者のために使ってこそ生きるパワーだというところを、知ってほしいと思っています。

このほどの災禍に、日本人が見せたのは、衣食が足りぬときの深い共生の心でした。それは、『三教指帰』の仮名乞児が説いた仏の道を、現代日本に見ている思いであります。

●御仏の教えこそ、真実の安心を得るもの

人は、何によって満たされるのでしょう。モノを追いかけても虚しいだけだと、仏教は教え続けました。

「誓いは深くして溺海（できかい）に梁たり　慈しみは厚くして焚籠（ふんろう）にそそぐ」

これは、『三教指帰』の最後にある詩の教えです。

孔子さまの教えも道教も、この世の始めだけを守って、あの世の終わりの守りを怠っている。御仏の教えこそ、真実の安心を得るものだ、とお大師さまは説きます。

そして、この句が言うところの「海の溺れるものの橋となる誓いを立て、燃える鳥かごに水を注ぐような厚い慈しみを持つように」と、教えます。すべての生きものにその慈愛が行き渡るように、他人を救うことをもっぱらとし、精進して自らを磨くように、としているのです。

お大師さまが、この『三教指帰』を書いたのは、まだ唐へ留学する前のことでした。密教との出会いは、『大日経』でありますが、師となるべき先達は日本にはおらず、独力で

この経典を読み解いて密教を会得したのでした。

唐の都、長安の青龍寺で恵果和上から正統の教えを受けたときには、すでに密教についての深い修得をすませていたことが、この作品からうかがえます。そのお大師さまだからこそ、恵果和上は数多の高弟を差し置いて、お大師さまを後継者とされたのだと、私は確信しています。


それほどに、この『三教指帰』には仏さまの教えの真髄が説かれているのです。

儒教で公共性の大切さを学び、道教で自然との一体感を覚え、しかしそれだけではまだ道半ばなのだと、仏さまの教えを説く仮名乞児は、お大師さまそのものです。

儒教から道教へ、そして仏教へと順序をたてて至るのではなく、六波羅密などしかるべき修行を果たせば、菩薩の長い修行の道も一瞬に経て、仏さまの世界に至ると、言っておられます。修行は年月の長さでも、苦しみの重さでもない、ひたすら正しい修行をすることによって、覚りを得ることができる。お大師さまはそう教えています。すでに「即身成仏」の教えの源流を見る思いであります。

●「仏さまの声」を聞くことができる心の耳をつくりなさい

それでは、どのような修行をなせばよいのでしょうか。

仏教を開いたお釈迦さまの原点に帰って、まずは「慈悲」とはどのようなことなのかを、もう一度考えてみたいと思います。

お釈迦さまが説いたのは、まずは「聞く」ということでありました。人の話を聞く、教えを聞く。人の話には、楽しいことばかりではありません。辛い体験や悲しい出来事を聞くこともあります。「大変でしたね」「悲しいことですね」と、相手に共感し、あるいは慰める心から慈悲が生まれます。そして、どのようにしたら、その人の苦しみを癒すことができるか、と考えるところに智慧が生まれます。

教えを聞く。仏さまの教えはもちろんのこと、どのような生命にも仏さまがおられると思う心が、尊い智慧を「聞く」ことになります。「我のほか、みな師なり」の心持ちです。

聞くことは、慈悲と智慧とをいただく扉です。その扉を開けば、響きを聞くことができましょう。響きとは、仏さまとの交感であり、生命の声を受け取ることにほかなりません。

「聞く」とは、どんなことなのか。少しお話しましょう。

すべての経典は「如是我聞（にょぜがもん）」の言葉に始まります。すなわち「是くの如く我れ聞く、一時仏、何処其処に在（ましま）して、誰某と倶（とも）なりき」というように始まるのであります。

これは、結集という、釈尊滅後に釈尊一代の教説をまとめる作業が行われましたときに由来します。

釈尊の侍者として、影の形に付き従うが如く、生前の釈尊のお側に仕えて、常に釈尊の説法を聞いていた阿難尊者が、釈尊の御遺言として、経典の編集に際しては、このように書き始めるようにと指示されたことによると伝えられています。

しかし、果たして「如是我聞」の意味はそれだけのものでしょうか。

経典の冒頭に、この「如是我聞」が出てくることには、実は大変な意味があるのです。ここに示されているのは、素直な心をもって聞くことが如何に大事であるか、ということに他ならないのです。

「是くの如く我聞く」すなわち、「このように私は聞きました」ということは、かつて三千年昔の釈尊が在世時、ひたすら師の釈尊に帰依し敬愛して止まなかった弟子の阿難尊者が、ただひたすらに素直に師の教えを聞き、耳に留めたように、これから経典を読誦しようとする人もまた、素直な心で、この経典に説かれていることを、説かれている通りに聞きなさい、ということに他ならないのです。経典読誦に最も大切なことは、素直な心で間違いなく読誦するということでもあります。

伝言遊びを知っていますか。一つの言葉を隣の人に耳打ちして、次々に伝えていくと、最後にはまったく違う言葉になってしまうというものです。言葉で伝えることの難しさ、記憶というものの不確かさを知る「遊び」です。お釈迦さまが教えた言葉を、そのまま経典にしたら、後世に正しく伝わるだろうか。阿難尊者の危惧が伝わってくるようでもあります。「私は、こう聞いたよ」と言いながら、師の教えを伝えれば、かえってより正確に伝わるであろうと、考えたのかもしれません。

それだけではありません。その声を、自らの耳で聞く。そこには仏さまとコミュニケーションである「響き」があります。「聞く」ということは、仏さまの声を聞くことに他ならないのです。

この世のあらゆる現象、森羅万象はみな仏さまのメッセージだと、お大師さまは教えています。目の前のものをただ見るだけではなく、そこに込められた仏さまの声を聞くように、五感を澄まして生きていくようにと、お大師さまは説きました。「天の声」などとよく言いますが、本当に「仏さまの声」を聞くことができる心の耳をつくりなさいと、お大師さまは教えます。

●最も大事にしている「理趣経」

お経の話を、もう少し続けます。少し難しい話になりますが、私たち真言宗の僧が日夜読誦し、最も大事にしているお経に『理趣経』というのがあります。この『理趣経』の正式の題号は『大楽金剛不空真実三昧耶経　般若波羅密多理趣品』というのですが、このお経には、普通のお経と違う大きな特徴がいくつかあるのです。その中の一つについて、お話させていただきます。

それは、この『理趣経』は、読む前に菩薩の誓願を起こして、菩薩になった人でなければ、読んではならないということです。

普通のお経でしたら、例えば皆様方もよくご存知の『般若心経』のように、まず「仏説摩訶般若波羅密多心経」と経題を唱えてから「観自在菩薩　行深般若波羅密多　時照見五蘊皆空」というように本文を読誦していきます。

『観音経』も本当の経題は『妙法蓮華経観世音菩薩普門品第二十五』というのですから、

この経題を唱えてから本文を読誦するのです。

ところが、『理趣経』は違うのです。どう違うのかと言いますと、経題の前に「毘盧遮那仏と無染無着の真理趣とに帰命し奉る。生々に無相教に値遇し世々に持誦して忘念せざらん」という誓いの言葉があって、この誓いの言葉を読まない限り、『理趣経』は、その経題さえも読むことができないようになっているのです。

そして、その誓いの言葉は大変難しいのですが、簡単にわかりやすく言えば、毘盧遮那仏というのは、宇宙の根本仏であり真言宗の教主・本尊でもある大日如来のことで、無染無着の真理趣というのは、『理趣経』に説かれている大日如来の教えのことで、「生々に無相教に値遇し、世々に持誦して忘念せざらん」というのは、生まれてくる度に、この『理趣経』に巡り会い、どのような境遇にあっても『理趣経』を読誦して忘れないようにしたい、という意味です。

従って、私たち真言宗の僧は、まず最初に『理趣経』を説かれた大日如来と、それからそこに説かれている教えに帰依して、生まれてくる度に『理趣経』に巡り会い、どのような境遇になっても、『理趣経』を読誦し続けたい、という誓願、これを菩薩の誓願と言うのですが、この誓願を心の中に起こしてから『理趣経』を読誦することになっているのです。

また、経典には先ほども申し上げましたように、必ず仏の説法を聞きに集まった者たちのことが出てきますが、他のお経では、釈尊のお弟子さんをはじめ、多くのお坊さんや在家の信者さん、菩薩、それに人間ばかりではなく、『観音経』などでは、天・龍・夜叉など異次元の生類までが数多く集まって、釈尊の説法を聞くのですが、『理趣経』に出てくる聴聞者は、菩薩だけです。

何故なら、お経を読むということは、同時にそこに説かれていることを「聞く」ことになるのです。読む前に、皆が菩薩の誓願を起こして菩薩になっているのですから、菩薩以外の聴聞者は一人もいない道理です。

●何事かを成すに当たっては知恵によって行動せよ

ところで、皆様は今、私がお話申し上げた『理趣経』の話をお聞きになって、何だか少し変だとはお思いになりませんでしたか。そう、確かに変であります。

世間の常識では、まず最初に、そこに説かれている教えを読んでみた上で、「ああ、これは立派な教えだ」と感心したら、教えを説いた人と説かれている教えに帰依する、という風に考えるのが普通ですが、『理趣経』の場合は全く逆で、読む前に帰依しなさい、というのであります。

そして、ここに示されているのは、仏の教えは私たち人間の常識をはるかに超えたものですから、まず仏に帰依し、教えに帰依して、素直な心で聞きなさい、ということなのです。これは、私たちが僧になるための得度式にも言えることでもあります。

得度式というのは、仏弟子となるために、頭を剃って僧衣を着けるための誓いの儀式ですが、これも仏の教えがわかったから仏に帰依しようというのではなく、これから仏の教えに学んで行くために、仏に帰依するのです。ここに本当の師（先生）と弟子の姿があるのです。

ところが、現代ではこのような美しい師弟関係が見られなくなってしまいました。そして、学校では、生徒の校内暴力や逆に教師による生徒いじめなどが問題になって、教育の荒廃が叫ばれているのです。

『立世阿毘曇論』（りっせあびどんろん）という経典によると、仏教は人間を定義して「知恵増上するもの」と名付けています。すなわち、人間は肉体的に成長していくに従って、知恵もまた成長して行かなければならない、というのです。

これに反して、動物は、子供の頃は大変に賢いが、大人になって行くに従って急速に脳細胞が崩れて、知恵が失われて行くそうです。

そして更に、同じく『立世阿毘曇論』には、なぜ人間と名づけるかという理由が説かれています。要約すれば、「人間は何事かをなすに当たってはよく考えて、己の責任と知恵によって行動せよ」ということであります。

未奴沙というのは、梵語で人間という意味です。まだ人間と名づける者がいなかった昔々の大昔、正義をもってこの世の生きものたちを導く転輪王という王がいて、私たち人類の祖先を集めて、おまえたちは何事かを成すに当たっては、まずよく考え、よく観察した上で行動せよ、と教えられた。そうすると、私たちの祖先はその教えに従って、よく物事を考えてから行動するようになり、そのときから、未奴沙、すなわち人間と呼ばれるようになった、というのです。

何事かを成すに当たっては、まずよく考え、よく観察をしてから行え、ということは、言葉を変えると、知恵によって行動せよということに他なりません。

しかし、最近の世相を見ていますと、必ずしも仏教が定義する人間には当てはまらない姿が多くなったようです。すなわち、肉体的には大人に成長して行くが、必ずしも知恵は増上しては行かない。そして物事を成すに当たっても、思慮分別をもって成すのではなく、本能的にあるいは行き当たりばったりに行動するというのが、大変多くなったように思われます。

私はそこに、「聞く」訓練を忘れてきた現代人の悲劇を思うのです。

見る・聞く・読む。私たちが日々、情報を知る手段です。

私たちは闇の中を、手探りで歩いています。仏さまが照らして下さる灯りを見つけることができれば迷うことなく、道を安心して歩けますが、それでも一寸先のことを知る手立てもなく前へ、前へと歩いているのです。

見るもの、聞くもの、読むものは、じつは前に進むための「灯り」であります。しかし、見えるもの、聞こえるもの、読むものが、果たして正しい道を教えてくれるものなのか、これもわかりません。ひたすら、仏さまを信じて心を磨きながら歩いていかねばならないのです。

見るという行為は、テレビ映像に代表されるように、全く一方的に与えられるものであると同時に、そこに映し出される映像がすべてであって、見る側の脳裏に空想の映像を描かせることを許さないのです。聞くという行為には、まだ一方的に与えられるといった受動性は残っているものの、映像を与えられないだけに、自らの映像を脳裏に描き出す自由が残されています。

そして、読むという行為によって、はじめて自己の能動的行為となり、同時にかなりの努力、すなわち精神の強靭性が必要となり、書くという行為によって、能動性と努力は最高となるのです。

書くという行為には、一切の受動性は拒否され、しかも思考なくしては書くという行為は不可能なのです。

●読みながら聞くということが読経の基本理念

ところで、現代の特徴は何かといえば、新刊本が溢れる中で、読む能力の著しい低下と言葉の貧弱性をあげることができます。

たとえば、現代の若い人たちが読む本の第一位は何か、といえば漫画と劇画でありま す。これは学問を第一義とする大学生といえども例外ではなさそうです。漫画や劇画は読んでいるのではなく、あれは見ているのです。

それから次に、今度はたまに読書するといっても、その本はなるたけ文章が少なくて、読みやすいものであると同時に、読んだらすぐに役に立つものでなければなりません。だから出版社の方もなるたけ文章を少なくして、漫画のイラストを多く入れたり、活字を大きくしたり、売れるようにいろいろ苦労しているようです。

近年、新聞がそろって活字を大きくしましたが、明治時代の新聞・雑誌の文字はずいぶん大きいのです。あれはまだ、一般庶民の教育が普及せずに、国民の大半が活字慣れをしていなかったために、少しでも活字に親しみやすいように、そして読書の習慣を身につけさせるためのものだったのです。

当時とは比べものにならないほど文明が発達し、教育が普及して、誰も彼もが大学に行くようになった現代、まさに時代に逆行する現象が生じているのです。

それから、読書が真理の探究や自らの魂の糧を求め、人格の形成のためではなく、すぐに実利に役立てるためのものであると言いますと、大変お恥ずかしいことですが、実は私も以前、東京の青春出版社から『左脳で記憶すると数百倍損をする』と題する本を出版したことがあります。これが連続ベストセラー一位になりました。こういう本だとよく売れるようです。

現代に最も売れる本は次の四つだと言われています。すなわち、第一に、頭が良くなるという本、特に記憶力が良くなるという本、これは受験勉強で苦労している受験生が飛びつきます。

それから、第二に健康増進や病気治療の本。物質文明の飽食の中で、一億総病人とさえ言われている現代ですから、これにも現代人はすぐに飛びつきます。そして、第三に美しくなる本。これもまた、美人になりたい、いつまでも美しくありたい、というのは若い女性のみならず万人の願いですから、誰でも読んでみたくなるのでしょう。

そして、第四に金儲けの本であります。人間の欲望には限界というものがありませんし、現代人の多くは、もう少し金があったらと、心の底に思い続けながら生きているはずですから、これも良く売れるそうです。

以上、この四つのことについて書いた本は必ずベストセラーになるということですから、今後は私も残りの三つについて書いてみようかと思っています。これは冗談ですが、それも難しいことが書いてあったのではいけない。楽に読めて、楽に効果がなければならないというのが売れる条件だといいますから、書く方にとっては、大変難しい注文になります。

そして、次にもう一つの現代の特徴である言葉の貧弱性については、若い女性に共通の

「そうしてェー」「だからァー」という、あの語尾に力を入れたものの言い方に端的に現れています。あれは、言葉がすぐに出ないときや、次の言葉を考えながらしゃべるときの特徴ですが、それが一般化しているところに問題の深刻さがあると考えています。この頃では、携帯メールで使いやすい略語が若い人たちの会話に蔓延していると聞きます。

仲間内だけに通じる言葉を話し、仲間だけの言葉を聞く結果、同じ日本語を話しながら意思を通じ合うことができない、困った状態が現代日本のあちこちに起きています。

人間の思考力を深める順序として「見る・聞く・読む・書く」ということを申しましたが、よく考えてみますと、これは人間の精神的な成長の段階を示していると同時に、実はその基本が「聞く」という行為にあることを物語っています。本を読み聞かせながら育てた子供は、賢く育つというデータがあると聞きました。

そうして、読みながら聞く、ということが実は経典読誦、すなわち読経の基本理念であり、それを表しているのが、冒頭に申し上げた「如是我聞」の一語です。

●知慧は人間の総合的な学習から生まれる

経典読誦には、看経（かんき）と読誦の二種類があります。読誦は声を出して読むことであり、看経は「経を看る」と書かれているように、声を出さずに目読することですが、たとえ声は出さずとも、読んでいく経文を耳に聞いているのであります。

「門前の小僧習わぬ経を読む」という諺があるように、お経は耳で覚えるものです。読経に最も大切なことは、まず師僧の声を聞いて耳の底に留めると同時に、読経する自らも声を自らが聞き、そして大勢の人と一緒に読経するときには、他の人々の声も共に聞くということです。

人間の賢さを意味する「聡」という文字は「耳が総て」という二つの文字から作られており、日本に於ける大乗仏教の祖といわれる聖徳太子は「耳聡(みみさと)のうまや戸の王子」と言われて、一度に何人もの訴えを聞き分けられたと言われていますが、人間の賢さとは、要するに「聞く耳」を持つということであり、それを象徴しているのが、あの大きな仏の耳です。

すなわち仏さまの耳は、ありとあらゆる衆生の願いや嘆き悲しみの声を聞き取るために、あのように大きいのでありますが、その仏さまの教えであるお経を聞く、読経をするお坊さんの耳も、また大きくなければならないのです。

私も多くの弟子を持っておりますが、特に最近は在家出身の青年の弟子が多くなり、経典読誦の指導を余儀なくされる機会が多くなりました。生まれながらに寺に育った者とは違って、聞く耳の訓練をしなければなりません。しかし、聞く心があれば、読経は自然に身についていくものだと信じて、私は指導しています。

「馬の耳に念仏」などということがないように、左の耳から入った響きをしっかり捉えるように、右の耳から入った意味を脳に刻むようにと、念じながら日々の読経を続けています。

智慧は人間の総合的な学習から生まれます。お大師さまが総合性を大切にしたのは、そのお考えがあったからでした。この『三教指帰』を、儒教、道教そして仏教と合わせて説いていますのも、より視野の広い学びの姿勢を示しているのだと、私は考えています。

仏教が唯一の尊い教えであるということだけを説くのではない、儒教や道教の利するところを説きながら、仏教はそれを超える教えだとしている姿勢も、後世の私たちは貴重な教えと受け止めねばなりません。

●真実の言葉は深層意識の中に刻み込まれていく

たとえば、私はこれまで、人格の形成には赤ん坊のうちから、お母さんが優しく子守唄を歌って聞かせ、お伽噺を話して聞かせ、そして長じては物の道理を言い聞かせて育てることの大切さを申してきましたが、考えてみますと、赤ん坊に子守唄の意味が判るはずがありませんし、三歳の童子に、お伽噺や童話の意味がはっきり理解できる訳もありません。

そしてさらに、十五〜十六歳になったからといって、親の言い聞かせる物の道理が必ずしも理解できて、納得するかといえば、むしろ逆で、親の言うことはうるさがるのが普通です。

にもかかわらず、その意味もわからなかった子守唄やお伽噺や親の意見が、長い間に知らず知らずのうちに、その子の精神を育てているのです。大人になって思い出されてくるのは、若い頃にはうるさがって聞こうともしなかった親の言葉ばかりであり、そして更に、大事なことは、自分が人生の苦境に立たされたときに、聞き捨ててきた親の言葉が深層意識の底から蘇ってきて、自分を助けてくれることがあるということです。

ここに聞くことの大事な理由があると同時に、たとえ我が子にうるさがられようとも、親は常に我が子に言い聞かせてこなければならない理由もあるのです。

真実の言葉というものは、生命が等しく求めているものであって、意味がわかろうとわかるまいと、そしてさらに、表面の意識がどう思おうと、それらには関係なく、生命そのものが聞き続けることによって、生命そのものとも言うべき深層意識の中に刻み込まれて行くのであり、ここに真言をお唱えすることの意義もあるのです。

いま、政治家に必要なことは「聞く耳」を持つということでありましょう。自分の考えばかり声高に言っても、実行力を伴わない政策は無策と同じであります。耳を澄ませて国民の声を聞いていれば、何が最も大切なことなのか、よくわかるはずなのです。「聞く力」があれば、見るものを理解し、これを語ることができます。言葉にして実行に移せます。

論戦とは、言葉による戦いでありますが、ただ、相手の演説を聞こえなくするための野次は怒号と変らない「言葉の暴力」です。現代人は大人も子供も会話をすることが下手になったといわれますが、まずは「聞く力」を育ててほしいものです。そこから、相手と心を交わすことができるようになるのです。

仏さまの慈悲にふれた者たちが、あらゆるところから仏さまのもとに集まって、教えを聞き、互いに交わり、連なり、その徳を讃え唱えると、その声は鼓を打つように、あるいは馬が走るように、あるいは金石を打つように聞こえる。

●解放された人々の心に仏さまは教えの智慧と慈悲を注ぎ込む

お大師さまは、『三教指帰』の最後の巻で表現します。

仏さまの慈悲と智慧に触れることは、心が躍ることなのだと、私はこの部分を読むと、喜びが体内を走り抜けるようなパワーを感じます。

騒がしいほどに爆発する、生きとし生けるものたちの喜びのパワーこそ、仏さまが授けてくださった生命力なのだと、私は考えます。

世界中で、人はなぜ祭りをするのでしょうか。形も意味合いも違いますが、祭りを持たない人間の共同体があるでしょうか。世界の祭りは、時にけが人が出るほどのパワフルなものが多いのは、仏さまのもとに集まる喜びの爆発なのだと、お大師さまの文が教えてくれます。

「目に満ち、耳に満ち」と、お大師さまは喜びの様子を綴ります。生命が満たされるとき、生きるものたちがどれほど輝き、躍動するものかを、お大師さまの筆はしっかりと書きとめているのです。

「礼を尽くし敬を尽くし、心謹み、心専(もっぱ)らなり」

そのように騒いでいても、仏さまのもとに集まる衆生は、ひしめきあいながらも、仏さまに対して礼儀を尽くし、最上の敬意を持ち、謹み深く、信仰心を持っている。

お大師さまは、そう教えます。

祭りとは、神仏に対する畏怖を持って、持てるエネルギーを爆発させるものなのです。

究極の礼節とは、仏さまの大いなる慈悲と智慧に触れることで、自然と身につけるものだと、お大師さまは若き日の著作で教えたのでした。

「甘露の雨を雨ふらして、誘い、いましめる。法喜の食を班って、智をつつみ戒をふくむ」

集まり、喜び躍る人々に、仏さまは慈悲の雨を降らして誘導し、教える。仏さまの教えによる充足を分かち合い、そこに智慧と戒律をふくめておく。教えを聞くことによって解放された人々の心に開いた扉から、仏さまは教えの智慧と慈悲とを注ぎ込むのです。そこには、生命の戒律が込められているのだと、お大師さまは説いています。

子供への虐待を問われた親は、しばしば「躾」と称して正当化しようとしますが、慈悲と智慧の心がない「躾」など存在しないことを、私たちは確認しないといけません。大相撲界での親方の「暴力」が問題になりましたが、これも同じことです。

師と呼ばれる者は、仏の心を持って指導すれば、どれほど厳しい稽古でも、弟子は喜んでついてきます。生命の充足を分かち合えない指導は、ただの「暴力」でしかないのです。

千二百年前にお大師さまが説いた教えは、現代日本の心を救うと、私は信じています。

第十二章 受け入れて、ともに救いの道を歩こう

●お大師さまが説くのは生命そのものが充足する生き方

何を幸福と思い、何を不幸とするのか。いつが最高のときであり、どんなときをどん底と知るのか。

人間は過ぎてしまったことを知ることができますが、これからのこと、たった今のことはよくわかりません。わからないままに、日々を生きているのです。だからこそ、目標を立てて努力し、あるいは足元を確かめながら、前へ歩いているのです。

先が見えないなりに、人は前を向いて歩いています。闇の先に光があると、意識の深いところでは知っているからだと、私は思っています。それが、内なる仏さまの導きなのだと信じているのです。

内なる仏さまを信じられないと、道に迷います。パニックを起こし、かえって方向を見失ってしまい、災難に遭ってしまうのです。

何があっても、自分のなかに仏さまがおられるのだから大丈夫だと信じ、仏さまの光を見失わないよう、日々を大切に生きていけば、きっと光のもとに帰り着けるのです。

西暦二〇一一年という年は、日本にとっても世界にとっても、記憶に深く刻まれた年になりました。

世界の人口は、この年十一月一日には、ついに七十億人に達しています。半世紀近く前から人口爆発は予測され、これに伴ってさまざまな問題が人類と地球に襲いかかるだろう、と警告もされてきました。しかし、人口増加の勢いに、どう対処したらよいのか、世界中で決定的な対策はないままに、今日を迎えたのでした。

最も人口が多い国は中国とインドであります。中国ではずいぶん前から、人口爆発を予測して「一人っ子政策」を行ってきました。一夫婦に子供は一人だけしか認めないという政策です。しかし、人口増加の歯止めにはなったでしょうが、いくつもの問題が起きています。

一番の問題は、労働力の不足だと聞きました。一人っ子ですから、両親と祖父母に囲まれ大事に育てられます。食べ物も衣服も十分に与えられ、大学に進学する子供が圧倒的に増えました。その結果、若者はきつい労働を嫌うようになって、ホワイトカラー的な仕事を選ぶようになり、大学を卒業しながら就職できない若者が、都会にあふれてしまいました。かたや、生産現場では労働力不足が深刻化して、工場閉鎖に追い込まれている企業もたくさんあるのだそうです。

日本も高度成長以後、同じような問題を抱えてきました。親の世代が汗水流して働いて、子供に高等教育をつけます。それは、悪いことではありません。しかし、卒業した若者は親のもとへは戻らずに、都会で暮らすようになりました。「3K」などといわれたキツイ仕事は嫌われて、農業や漁業、商業の担い手がいなくなって、地方の町や村は老齢化が進んでしまったのです。

何かが間違っている。私はそう思います。何のために教育を受けさせるのか。郷里を離れてサラリーマン生活をしても、都会の狭い住まいで窮屈な人生を送ることになります。このところ、そうした生活に疑問を持って、「真に豊かな人生」を求めて、地方で暮らす若者が出てきたということをしばしば耳にします。

「立身出世」という言葉は、忘れられようとしていますが、やはり社会的に高い地位を得て生涯を送りたいと考えている人たちは少なくありません。それは、そう、儒教の世界といえましょう。

地方で自然と触れ合いながら、のんびり暮らしたいと、家族揃って都会を去る人たちの生き方は、道教の思想の範疇でしょうか。

しかし、それで満足でしょうか。

お大師さまが説くのは、そうした「形」にこだわるのではなく、生命そのものが充足する生き方です。自らの心身を磨き、他の人々にその力を分かち合う。そういう生き方、心の持ちようが仏さまの教えなのです。

●生けるものはみな、次の世代をより良いものにしようと努力している

地球温暖化、環境破壊、自然災害、経済の行き詰まり、問題は山積しています。アフリカでは飢餓が深刻化し、ヨーロッパは金融危機が収まりません。アラブ諸国に吹き荒れた民主化の嵐も、いまだ収まったわけでもありません。

東日本大震災、ニュージーランド、トルコ……、大地震が続いています。福島原発の爆発は日本だけでなく世界に大きな衝撃を与えました。タイの洪水の被害も広がっています。

有史以来の大転換が起きています。その渦中で、私たちは生きているのです。激流はまだしばらく続きましょう。これまでの価値観や、社会の仕組みが変わるかもしれません。人々の意識に変化が現れることもありましょう。

流れに足をすくわれないように、変革の時代を乗り切らねばなりません。

若き日のお大師さまが書き残した『三教指帰』には、真実の教えとは何かが込められています。その教えが現代にそのまま通じるのは、真実のものだからだと、私は真剣に読み返しました。

なぜ、仏さまの教えに帰依するのか。

「虚しく来たりて充ちて帰る」

お大師さまは生命のありようを、こう説きました。仏さまの懐から、何も持たない「空」の状態でこの世にやってきた生命の一つ一つは、喜怒哀楽を味わって精進して充足し、また仏さまの世界へと帰っていくのです。

人類は、地上で生きるようになって、常に飢や生命の危険に脅かされながら生きてきました。生きとし生けるものはみな、この世で同じように生きる闘いを続けています。闘いながら、次の世代をより良いものにしようと努力しているのです。

●この世の不条理を、この世にあって正せる道がある

生き物の生態を見ていると、みな遺伝子をつなげるために修行しているように見えます。

しかし、人類はいつしか、この生命の法則を超えようとしているのではないか、と思ってしまうときがあります。

かたや飢餓でおびただしい子供たちが毎日亡くなっているというのに、同じ地球上では食べ過ぎて肥満症に苦しむ人たちがたくさんいる、というアンバランスが起きています。

分かち合う、許し合う。それが仏さまが教える道しるべだと、私は説いていますが、それがなかなか難しいようです。『三教指帰』で、お大師さまが説いた仏さまの教えとは、この世の不条理を、この世にあって正せる道があるということでした。

儒教でも道教でも、立ちはだかる峻険な峰を越え、深い大河を渡りきることはできないのだと、お大師さまは教えます。

『三教指帰』の最後は詩でしめくくっています。その詩を、紹介しましょう。

「居諸冥夜を破り　三教癡心を褰ぐ
性欲に多種あれば　医王薬鍼を異にす
綱常は孔に因って述ぶ　受け習って槐林に入る
変転は・公の授　依り伝えて道観に臨む
金仙一乗の法　義益最も幽深なり

自他利済を兼ぬ　誰か獣と禽とを忘れむ
春の花は枝の下に落つ　秋の露は葉の前に沈む
逝水住まる能わず　廻風幾ばくか音を吐く
六塵は能く溺るる海　四徳は帰する所の岑なり
已に三界の縛を知むぬ　何ぞ纓簪を去てざらむ」

耳で聞いただけではわかりにくいと思います。目で追っても、難解な文字が多い詩でありますが、ここでうたっている教えは、後にお大師さまが唐へ留学してからと、少しもぶれていないのです。

まずは、現代の言葉に替えましょう。

「日月の光は暗い夜の闇を破り　儒・道・仏の三教は愚かな迷いの心を導く
衆生の性質と欲求はさまざまであるから　医王如来の治療法もさまざまである
儒教の三綱・五常を孔子が述べ　これを学べば高官の位に登る
天地・陰陽の変化を老子が教え　この教えを伝受して道観に居る
仏教世尊の大乗仏教は　その教義と利益が最も幽玄である
自己と他人とを救済し　禽獣などの六道の生けるものに及ぶ

春の花は枝の下に落ち　秋の露は葉の前に沈む
逝く水の流れはしばらくも止まらず　疾風がいくたび吹いて音を立てたことか
感覚の世界は人々を溺らせる海　常・楽・我・浄の仏の徳こそ帰依すべき峰
今や三界の束縛の苦を知った　俗服を捨てて出家するがよい」

後に、お大師さまは代表作ともされる『十住心論』を著わしますが、その冒頭で「性欲に多種あれば　医王薬鍼を異にす」と、同じように、人間の苦しみは多種あり、その癒し方もまた多様だということを説いています。すでに、若き日より人間というものへの洞察を深めていたのだと、この一節が教えてくれます。

●じっと耐え続けさせるものは愛情だけ

感覚は一時の迷い。惑わされ、振り回されてはならないと、戒めています。あるがままの生命を知れば、目の前の現象にとらわれることなく、真理をつかむことができると、教えているのです。

その、お大師さまの教えを現代日本に活かすために、私は教育についてもう一度考えて見たいと思っています。

戦後六十五年、教育の荒廃が叫ばれて久しく、いまだに教育のあり方についての議論が行われています。そして、教育問題に関して、私が特に強調したいのは、知育・体育は学校に任せても、徳育は学校に任せきりにすべきではなく、家庭の責任においてなすべきだ、ということです。

教育の荒廃というとき、私たちはすぐに、学校教育における徳育の欠如を問題にしがちです。現在の学校教育には知育・体育だけがあって、徳育が忘れられていると非難しがちです。

しかし、果たしてその非難は正しいのでありましょうか。もし、学校に徳育を要求するのならば、昨今の教育現場に見られる、道徳に欠けた教師を育ててきたのは誰か、ということになります。また、そのような道徳的・精神的に未熟な教師たちに、人格の形成という大事な徳育ができるはずがないのです。

では、人間の精神形成、すなわち人格形成に欠くべからざる徳育の担当者は誰であるか、といえば、それは我が子をもっとも愛しているはずのお母さんでなければならないのです。

何故なら、教育とは文字通り「教えて育てること」であり、「教えによって育つ」ということであります。そして、育てるということは、時間をかけるということでもあります。

草花でさえも、時間をかけなければ育たないのです。

そしてまた、時間をかけるということは、辛抱して努力を続けるということ、すなわち耐えるということでもあり、じっと耐え続けさせるものは愛情だけです。愛情があればこそ、我が子の人格完成を信じて育てる、すなわち時間をかけることができるのです。

学校の教師よりも誰よりも我が子を愛しているはずのお母さんこそが、我が子の人間形成の最適性の教師でなければならず、その教育とは、言い聞かせる、すなわち聞く訓練を続けることでなければならないのです。

私は鹿児島ではじめて七福神霊場を創設しました。私が七福神霊場を開創したのは、七福神に秘められている仏教思想のすばらしさに心惹かれたからです。そして、その中でも特に心惹かれたのが、七福神中唯一の女神である弁財天に魅められているところの母の徳でした。

弁財天は、その名のように、弁舌の才能豊かな神ということであり、『大日経』によると、美しい女神が琵琶を奏でているお姿で、知恵・学問の神であり、音楽の神としても信仰され、別の名を「美音天」とも「妙音天」とも言われています。更にまた、水の神としても有名で、江ノ島の弁天さんのように、池の中や水辺に祀られている例も多いようですが、私はこの弁財天を「美声の説法者」と名づけています。そして、その理由は、弁財天こそが実は国土の形成者だからであります。

すなわち、弁財天は琵琶に象徴される美声の説法によって、美しく豊かな国土を形成する神であり、水の神として、水辺に祀られているのは、河川が流水の唄を奏でながら万物を育て、美しく豊かな国土を形成していくように、弁財天もまた、美声の説法で衆生の魂を美しく育てるからです。

そして、この美声の説法は、我が子の精神を美しく豊かに育て上げるお母さんの徳相でもなければならないのです。

お母さんは、我が子が幼いうちは懐に抱いて、あるいは背に負うて、優しく子守唄を歌って聞かせ、そしてやがて子守唄はおとぎ話や童話に変わり、次には絵本や物語を読んで聞かせ、そして更に我が子が長じては、物の道理を言い聞かせることによって、長い時間を掛けて、文字通り我が子の精神、すなわち人格を美しく豊かに育てるのです。

そして一方、子供の方は、幼い魂に聞いた母の子守唄やおとぎ話や物語の記憶が、やがては自らの読書の習慣となって、今度は自分自身で精神の糧を読書に求めて、自らが豊かな人格の形成をめざして成長して行くことになるのです。

そんな弁財天への憧憬もあって、私はミレニアムの年の平成十二年に、木彫りの坐像としては世界有数の大きな弁財天さまを、わが最福寺に招来したのです。そして、弁天さまの「母の愛」が、世界を救う力となってくれることを信じて、日々お祈りしているのです。

●必要なのは「人の心の温もり」

儒教で足りないもの、道教で足りないものとは何か。それは、仏さまが教える智慧と慈悲です。智慧と慈悲とは「人の心の温もり」だということができるのではないかと、私は思っています。

大事なのは家庭の形ではありません。教育環境の整備は必ずしも最重要なことではないのです。もちろん、安定した家庭環境も教育現場の環境整備もたいへん重要なことですが、忘れてならないのは、家族が子に注ぐ愛情であり、教師が子供を見守る愛情だということを、忘れてはならないのです。

仏さまは衆生の全てに対して、親が子に注ぐような愛情をもって見守っていると、お大師さまは教えています。

人間形成にもっとも大切なものは「愛情」だと、私は確信しているのです。母がいなければ、父でも祖父母でもよい、ほかの家族でもよいのです。里親でも養護施設の人たちでも良いのです。誰かが、確かに見守っているという安心感を子供に与えることが、教育の第一歩であり、より良い社会をつくる土台です。

『不思議な宮さま　東久邇宮稔彦王の昭和史』（浅見雅男著、文芸春秋刊）という、つい最近出た本があります。興味深く読んだのでご紹介しましょう。

東久邇宮稔彦王は、敗戦直後に総理大臣となった宮様で、平成二（一九九〇）年に百二歳で亡くなりました。明治天皇の内親王と結婚し、長男は昭和天皇の長女である照宮さまと結婚したという方でした。

稔彦王は、明治二十（一八八七）年十二月三日に、久邇宮朝彦親王の末の男子として京都で誕生した、と皇統譜にあります。しかし、じつは同じ年の三カ月ほど先に生まれたとされる鳩彦王と同日に生まれたのではないかと、この本の著者は資料を検証して述べています。

どうして、そのようなことが起きたのか。あくまでも推測の域を出ませんが、お二人の王子の生母に対する親王の寵愛の違いが原因だったのではないかというのです。真偽はともかくとして、私が興味深く思ったのは、稔彦王の育ち方です。稔彦王は生まれてすぐに里子に出され、伸び伸びと育って、五歳で宮家に戻りました。前年に父の朝彦王が亡くなり、鳩彦王の生母や異母兄弟たちとの生活を始めました。生母は側にいなかったようです。

そこで、稔彦王は「虐待」に遭うのです。鳩彦王と兄弟げんかをすると、叱られるのは稔彦王ばかり。しばしば長持などに閉じ込められましたが、あるときなどは、上の兄が発見して助け出したときには虫の息だったという危ない目に遭いました。鳩彦王の生母によるものだということですが、宮家ならではの複雑な家族関係が陰湿な感情のもとになったのかもしれません。

やがて稔彦王は皇族として育つのですが、このような子供時代の心の傷を、宮さまはどのように癒していったのでしょうか。

宮さまの回想録などによりますと、二カ所ではありますが、里子に出された家族とは、大人になってからも温かい交流が続いたそうです。生まれて人格形成の基礎ができる幼児期、宮さまは里親たち家族から愛情いっぱいに育てられたことがよくわかります。

おそらく、この時期の愛情生活があったからこそ、宮邸に戻ってからの辛い境遇に耐えられたのだと思います。乳母の子供の一人は、稔彦王が軍人となってからは従卒として側に連れ添い、戦死しています。血はつながっていないながらも、「家族の絆」を感じます。乳幼児期に深い愛情を注ぐことが、どれほど大切なことか、私は改めて感じているところです。

●究極の救いとは畏れを無くす手助けをすること

人はみな心に不安や恐怖を抱いて生きています。その「恐れ」を取り除くことが、心の安定につながります。究極の救いとは何かと問われたことがありました。「無畏施です」と、私は即座に答えたものでした。畏れを無くす手助けをする。それが、仏さまの救済であろうと思います。

ここで、『観音経』についてお話をいたしましょう。観音さまはお不動さまやお地蔵さまとともに、日本人に広く親しまれている菩薩です。中国やチベットなどでは、一番親しまれている仏さまといえましょう。そして、観音さまの功徳を説く『観音経』は、『般若心経』と並んでよく知られた経典です。

これは本当は、『妙法蓮華経』という長いお経の中の「観世音菩薩普門品」といって、観世音菩薩の功徳を讃えた部分ですが、その中でも特に最後に功徳を並べた偈文は、短いながら、リズミカルで、そうしたところも一般に親しまれているようです。

『観音経』は「その時に無尽意菩薩すなわち座より起きて、偏えに右の肩をはだぬき合掌して仏に向かって是の言を作さく。『世尊、観世音菩薩はいかなる因縁をもってか、観世音と名づくるや』」という言葉によって始まっています。

「無尽意菩薩が仏さま（釈尊）に向かって『世尊よ、観世音菩薩はどのような理由で観世音と名づけられているのですか』」と聞かれたところから『観音経』は始まるのです。

これに対して、仏さまが答えます。

「善男子よ、もし無量百千万億の衆生があって、もろもろの苦悩を受けんに、この観世音菩薩を聞いて、一心にみ名を称せば、観世音菩薩は即時にその音声を観じて、皆解脱することを得せしめん」

私たち衆生がいろいろな苦しみに遭遇したときに、この観世音菩薩の功徳を聞いて、一心に「南無観世音」とその名を呼べば、観世音菩薩は即時にその声を聞くばかりでなく、何を願っているのかを察して、その苦しみから救われるというのです。

ここで大切なことは、「是の観世音を聞きて」の一語であります。

何故なら、如何に私たちが苦しみに遭遇しても、常平生に観世音菩薩という仏さまのことやその功徳について、聞いていなければ、いざというときに「南無観世音」などと、観世音菩薩のみ名を呼ぶ訳がないからです。

●絶体絶命のとき、観世音菩薩は助けて下さる

ところで、あるお坊さんが、「私、『観音経』は嫌いじゃ。ありうべからざる御利益ばかり並べたててある」と言うのを聞いたことがあります。

お経というのは、だいたい仏の功徳が説かれているもの、それも人間の常識では考えられない、すなわち仏でなければできないような功徳、御利益ばかりが説かれているのですから、そんなことを言っていたら、好きなお経は一つもなくなるのですが、確かに『観音経』には、特に多くの御利益が列記されています。

たとえば、偈文に並べてある御利益を申しますと、「たとい害意を起こして大火坑(かこう)に推

し落とされんに、彼の観音の力を念ずれば、火坑変じて池とならん」とあります。

実はこの『観音経』には「この観世音菩薩の名を持する者は、たとえ大火に入るも火も焼くこと能わず。是の菩薩の威神力に由るが故に」とか、「観世音菩薩はかくの如き等の大威神力ありて饒益する所多し」とか、更にまた「観世音菩薩摩訶薩は威神の力巍々(ぎぎ)たること是くの如し」というように、観世音菩薩の大威神力による衆生の救済力を強調する言葉が随所に出てきます。

『観音経』が先に挙げたような、単に人間が観音の慈悲の心を思うことによって、我と我が心をとりなして身を慎むための修養の書に過ぎないのであれば、観世音菩薩の大威神力は全く必要がなくなり、出番を失ってしまいます。

しかし、本当はそうではありますまい。『観音経』に説かれている御利益をよく考えてみますと、そこに列記されている苦難はすべて、人間の力ではどうしようもない絶体絶命の場合ばかりです。火の穴に推し落とされたとき、須弥の峯から落とされたとき、刑場で処刑されるとき、そしてその他にも悪鬼の難や天変地異等の大自然の暴威にさらされたときなど、まさに人間の力ではどうにもならない絶体絶命の場合が想定されているのです。

そして人は、そのような場合にのみ、はじめて心の底から真剣になって「南無観音」

と、観世音菩薩のみ名を叫ぶのです。

「かなわぬときの神頼み」という諺がありますが、私たちは、自分の力でまだ何とかなるというような場合には、必死になって神仏にすがることはできないのであり、神仏の方もまた、人間の力でどうにかなるようなものは、人間にまかされるに違いありません。

しかし、人間の力では、もうどうにもしようがなくなった絶体絶命の立場に立たされたとき、人は必死になって、全身全霊を投げ打って「南無観音」と叫ぶのであり、そのとき観世音菩薩はその叫びに応じて、私たち人間の想像を絶する大威神力をもって、救い取ってやるぞと言っておられるのです。それが『観音経』の本質です。

そして、『観音経』に説かれていることをそのまま、観世音菩薩の大威神力を信じることこそが『観音経』を如是我聞、すなわち是くの如く聞くことに他ならないのであります。

『観音経』を、そこに説かれている通りに如是我聞すれば、私たちが絶体絶命の苦境に立たされたとき、必死に観音菩薩のみ名を呼び、観音の力を念ずれば、観世音菩薩は大威神力をもって助けて下さる、と説かれているのです。

●「彼の観音」となって蘇ったとき、大威神力を発揮し給う

しかし、ここで忘れてはならない大事なことがあります。それは「念彼観音力」ということ。すなわち『観音経』は、ただ観音の力を念じればというのではなくして、「彼の観音の力」を念じれば、という点であります。

人間、如何に絶体絶命の窮地に立たされたからといって、誰でも咄嗟に「南無観音」と叫ぶものではありません。常平生に観世音菩薩の功徳はもとより、その名さえ知らずにいては、いざ危急に直面しても、知らないものはすがりようもないのです。

そこで、平穏無事な常平生に観世音菩薩を信仰していて、自分が苦境に直面したときに、とっさに「南無観世音」の声が出てくるのであります。

私たちの表面の意識には信じがたいことではあっても、そして聞いて忘れていても、常平生に観世音菩薩の御利益を聞き続けることによって、それが私たちの深層意識に沈み込んで行くのであり、そして一度危急に直面したとき、深層意識に沈んでいる観音が「彼の観音」となって蘇り、想像を絶する大威神力を発揮し給うのであり、ここに常平生に「聞く」ということが、如何に大事なことであるかが理解できるのです。

そして、それは何も宗教や信仰に関することだけではなく、親の意見も同じでありま す。たとえ、そのときにはうるさがり、あるいは信用せず、反抗的な態度を取っていても、深層意識は聞いているのであり、それがその子の人格形成の大いなる力になるのです。

現代はとかく、何ごとにおいても速効を求めがちです。親の言うことに子供が反抗したり、従わなかったりしたら、それで効果がないのだと思いがちです。そして、親は自信を喪失して何も言えなくなってしまいます。

それはちょうど自分が平穏無事なときには、『観音経』に説かれているような功徳が信じられないのと同じであって、速効がないからと言って、物の道理を言い聞かせることを放棄するならば、子供の人格は形成されないのです。親は自信を持って、我が子の人格形成に当たるべきであると、私は信じてやみません。

●受け入れること。寛すこと。そして分かち合うこと。手を差し伸べること

私たちの深層意識は神仏の通路です。

神仏の加護を受けるためには、自らの深層意識を神仏の通路にふさわしいものに浄める

以外にはないのであり、そのためには幼い頃から、親は美しい言葉、優しい言葉、そして正しい言葉を我が子の深層意識に言い聞かせていなければならないのです。

そして、深層意識が死者の霊と繋がっているのであれば、汚れた深層意識は悪霊の通路ともなり得るのであって、ここに恐ろしい霊障が起こり得る理由があるのです。

現在、最福寺では多くの修行者たちが、私に従って、厳しい修行を続けています。行とは、長い時間をかけて美しい神仏の通路たる深層意識を作り上げるべきものを、短時日のうちに作り上げようとするものに他ならず、それだけに厳しいものとなります。言うなれば、幼い頃からつくるべき道を、大人になってから突貫工事をしているようなものです。

深層意識、それはまことに不思議な作用をするものです。神仏はそこに現れ給うものであり、そして、神仏を招くものこそは、聞く心、すなわち素直な心であり、如是我聞によって始まる一切の経典が、神変不可思議な仏の功徳を説いている理由がそこにあります。

観音さまの救いとは、「もう駄目だ」と思うほどの苦しみを、偉大なる超能力を持って救い出して下さる「奇蹟」です。絶体絶命の絶望から抜け出すために、観音さまはいてくださるのだと思います。

『三教指帰』の最後に戻りましょう。詩の前に、お大師さまの分身である仮名乞児は、儒教を説いた亀毛先生と道教を説いた虚亡隠士に声をかけます。

「座に復(かえ)れ」と言います。もとの座に戻りなさい、というわけです。

儒教も道教も、仏教に比べて足りないところが多々あるものながら、これを切り捨てているのではありません。受け入れて、ともに救いの仏さまの道を歩こうと「出家」を進めているのです。

密教は、「否定」をしません。「肯定」の教えであります。異なったものを拒絶するのではなく、受け容れて共存し、同化していくところに密教の偉大さがあるのです。

受け入れること。寛(ゆる)すこと。そして分かち合うこと。手を差し伸べること。

それが、人間としてこの世に生まれてきた者が歩く、仏さまの道なのだと、お大師さまは、若き日に『三教指帰』で、説いていたのでありました。

池口　惠観　プロフィール

高野山真言宗宿老
高野山傳燈大阿闍梨　定額位大僧正
高野山別格本山清浄心院住職
百萬枚護摩行者　医学博士

昭和十一年十一月十五日鹿児島県肝属郡東串良町に生まれる。

高野山大学文学部密教学科卒業。

行者であった両親の指導を受け、幼少の頃から真言密教・修験道の修行に励む。

高野山真言宗北米・南米総監部巡回伝導部長として真言密教の海外布教。

平成元年五月前人未到の百万枚護摩行を成満。

八千枚護摩行を百二座成満（中国西安大興善寺にて二座）。

世界各地で戦争犠牲者の供養と世界平和祈願の巡礼を行っている。

岡山大学医学部・兵庫医科大学・京都府立医科大学・北海道大学・山口大学医学部・高野山大学・関西外国語大学等客員教授。

広島大学医学部・広島大学歯学部・金沢大学医学部・久留米大学医学部・大阪大学健康体育部・大分大学医学部・弘前大学医学部・鳥取大学医学部・高知大学医学部・福井大学医学部・産業医科大学医学部等非常勤講師。ロシア連邦ハバロフスク医科大学客員教授・名誉医学博士。ロシア連邦科学アカデミー東洋学研究所顧問・客員教授・名誉歴史学博士。台湾大学客員教授。フィリピン大学客員講師。学校法人高野山学園理事・高野山真言宗宗機顧問等を経て、現在山口大学医学部客員教授・高野山大学客員教授・関西外国語大学客員教授・金沢大学医学部非常勤講師。

◆受賞歴

昭和三十二年　全国学生相撲選手権大会優秀選手賞
平成十四年　密教学芸賞
平成二十四年　朝鮮民主主義人民共和国　親善勲章第一級
平成二十五年　鹿児島県体育協会　体育功労者賞

平成八年　米国カリフォルニア州カルバーシティ名誉市民
平成二十四年　フィリピンマバラカット市名誉市民

◆著　書

「密教の秘密」（潮文社）「空海と般若心経の心」（講談社）
「しあわせをつかむ心得」（法蔵館）
「阿字」（リヨン社）「医のこころと仏教」（同文舘出版）
「弘法大師空海　救いに至る言葉」「密教の呪術」（ＫＫロングセラーズ）
「秘密事相」（高野山出版社）「日本救国論」（月刊日本）　他百数冊

〈新版〉
弘法大師空海
「三教指帰」生死の苦源から覚りの安楽へ

著　者　池口　恵観
発行者　真船美保子
発行所　ＫＫロングセラーズ
〒169-0075　東京都新宿区高田馬場4-4-18
電　話　03-5937-6803(代)
http://www.kklong.co.jp

印刷・製本　大日本印刷(株)

ISBN978-4-8454-5180-7

Printed in Japan 2023